Wolfgang E. Lehmann

Mein Chef

BUSINESS TRAINING

Die Wirtschafts-Reihe im Taschenbuch

Praktisches Wissen für berufliche Aufsteiger

Karriere und innere Harmonie
sind möglich
Von Michael Birkenbihl
238 Seiten, Paperback
ISBN 3-478-81121-X

Taktiken und Strategien erfolgreicher Menschen
Erfolgsfaktoren erkennen
Von Edward de Bono
288 Seiten, Paperback
ISBN 3-478-81120-1

Gezielte Motivforschung
So machen Sie mehr aus Ihrem Produkt
Von Ernest Dichter
286 Seiten, Paperback
ISBN 3-478-81122-8

Die Silva-Mind-Methode
Kreatives Potential zielorientiert einsetzen
Ein Trainingsprogramm
Von Tag Powell
240 Seiten, Paperback
ISBN 3-478-81118-X

Das Prinzip Gewinnen
Tun Sie alles, was Sie tun können,
und Sie werden alles erreichen!
Von Arthur L. Williams
2. Auflage, 240 Seiten,
Paperback
ISBN 3-478-81123-6

Gemeinsam an die Spitze
So führen Sie Ihr Team
zum Erfolg
Von Zig Ziglar
383 Seiten, Paperback
ISBN 3-478-81119-8

Erhältlich in Ihrer Buchhandlung

mvg verlag
Nibelungenstraße 84
8000 München 19

Wolfgang E. Lehmann

Mein Chef

Strategien und Verhaltenstips
für den Umgang mit Vorgesetzten

mvg verlag

Die Deutsche Bibliothek – CIP-Einheitsaufnahme

Lehmann, Wolfgang E.:
Mein Chef : Strategien und Verhaltenstips für den Umgang mit
Vorgesetzten / Wolfgang E. Lehmann. – München : mvg-Verl.,
1992
  (Business-Training ; 1128)
  ISBN 3-478-81128-7
NE: GT

Das Papier dieses Taschenbuchs wird möglichst umweltschonend hergestellt und enthält keine optischen Aufheller.

© Alle deutschsprachigen Rechte bei mvg – Moderne Verlagsgesellschaft München
Alle Rechte, insbesondere das Recht der Vervielfältigung und Verbreitung sowie der Übersetzung, vorbehalten. Kein Teil des Werkes darf in irgendeiner Form (durch Fotokopie, Mikrofilm oder ein anderes Verfahren) ohne schriftliche Genehmigung des Verlages reproduziert oder unter Verwendung elektronischer Systeme gespeichert, verarbeitet, vervielfältigt oder verbreitet werden.
Umschlaggestaltung: Gruber & König, Augsburg
Satz: Fotosatz H. Buck, 8300 Kumhausen
Druck- und Bindearbeiten: Presse-Druck Augsburg
Printed in Germany 081128/2921002
ISBN 3-478-81128-7

Inhalt

Kapitel 1:
**Weiße Kaninchen aus dem schwarzen Hut
gibt es nicht** 7

Kapitel 2:
Das Tor zu Ihrer Persönlichkeit 28

Kapitel 3:
Was kann ich von mir selbst erwarten? 54

Kapitel 4:
**Merkmale Ihres G-Anteils
Die Zukunft findet statt!** 64

Kapitel 5:
**Merkmale Ihres A-Anteils
Die Gegenwart fordert!** 75

Kapitel 6:
**Merkmale Ihres T-Anteils
Der Vielfalt eine Chance!** 86

Kapitel 7:
**Merkmale Ihres E-Anteils
Das höchste der Gefühle!** 93

Kapitel 8:
Das Schätz-Spiel 101

Kapitel 9:
Das ist mein Chef — das muß er sein 104

Kapitel 10:
Nutzen Sie die Stärken — aber nicht die eigenen, sondern die des Chefs! 113

Kapitel 11:
Erleben und Verhalten — eine schwierige Kombination 145

Kapitel 12:
Ohne Fleiß kein Preis 160

Kapitel 13:
Mein Kampf — gegen die Vorurteile dieser Welt 185

Kapitel 14:
Ihr 72-Stunden-Programm 206

Kapitel 15:
Ausblick auf ein zufriedenes Arbeitsleben 221

Kapitel 1:
Weiße Kaninchen aus dem schwarzen Hut gibt es nicht

Entsprechend den Zahlen des Statistischen Bundesamtes hat jeder deutsche Arbeitnehmer 3,75 Chefs – den Abteilungsleiter, den Hauptabteilungsleiter, den Direktor und dann auch noch ein wenig Vorstand.

Statistisch gesehen wendet sich Wolfgang E. Lehmann mit diesem Buch also nicht an etwa 45 Millionen, sondern an circa 170 Millionen Arbeitnehmer. Diese 170 Millionen Arbeitnehmer arbeiten in der Regel 8 Stunden am Tag – das macht insgesamt etwa 1,4 Milliarden Stunden pro Tag, in denen man mit einem seiner 3,75 Chefs in Berührung kommen kann.

Stellt man sich jetzt noch vor, daß einem in Großraumbüros die Chefs oft noch direkt vor der Nase oder im Hörbereich sitzen, dann frage ich mich, weshalb dieses gebündelte menschliche Miteinander bei den Psychologen, Soziologen und sonstig Engagierten so wenig Beachtung findet.

Tips und Anleitungen, wie man sich selbst für die rauhe Arbeitswelt stärkt, wie man sich für die geforderte Leistung fit hält, gibt es genug. Was fehlt, ist die Beantwortung der Frage: Welche Möglichkeiten habe ich selbst, meine Situation am Arbeitsplatz zu verbessern?

Arbeitsplatz bedeutet immer, daß ich mit anderen Menschen zu tun habe. Kolleginnen, Kollegen, Vorgesetzte oder Chefs tragen bewußt oder unbewußt ständig dazu bei, ob ich mich bei meiner Tätigkeit wohl fühle oder nicht.

Meine Erfahrungen aus Klima-Analysen innerhalb der Betriebe zeigen, daß für Störungen des Arbeitsfriedens in den wenigstens Fällen produktionstechnische oder organisatorische Probleme verantwortlich sind – diese lassen sich in der Regel leicht, also „technisch" und „organisatorisch" lösen. Viel schwerwiegender sind Schwierigkeiten im zwischenmenschlichen Bereich – und hier vor allem in der Beziehung zwischen Vorgesetztem und Mitarbeiter, zwischen Ihnen und dem Chef.

Wenn Sie alle nachfolgenden Fragen mit *nein* beantworten können, dann sorge ich dafür, daß Sie in irgendein Buch der Rekorde aufgenommen werden. Wenn nicht, dann können Sie mit diesem Buch mehr über Ihren Chef – das noch unbekannte Wesen – erfahren.

	Ja	Nein

1. Hat man Ihnen schon einmal einen Fehler vorgeworfen, den Sie überhaupt nicht verursacht haben? ○ ○

2. Sind schon einmal Bemerkungen von Ihnen falsch verstanden und interpretiert worden? ○ ○

3. Sind Sie schon einmal mit Ihren Verbesserungsvorschlägen beim Chef auf Granit gestoßen? ○ ○

4. Sind Ihre Karrierewünsche schon einmal an einem einzigen Vorgesetzten gescheitert? ○ ○

5. Ist Ihnen schon einmal aufgefallen, daß Gerüchte über Sie verbreitet werden? ○ ○

6. Sind Ihre beruflichen Leistungen manchmal nicht richtig gewürdigt worden? ○ ○

7. Kommt Ihnen die Arbeitswelt manchmal herzlos, kalt und unpersönlich vor? ○ ○

8. Gibt es an Ihrem Arbeitsplatz hin und wieder persönliche Reibereien und Sticheleien? ○ ○

9. Gibt es Eigenschaften oder Eigenarten Ihres Chefs, die Sie persönlich stören? ○ ○

10. Sind Sie der Meinung, daß Sie an Ihrer persönlichen Situation im Berufsleben etwas ändern könnten? ○ ○

Ich weiß, daß Ihnen noch viel mehr Fragen auf der Seele liegen – lassen Sie sich und auch mir die Chance, Ihre ganz persönliche, berufliche Situation mit Beispielen erlebbar und nachvollziehbar zu machen.

Was Sie selbst erlebt haben, haben Tausende vor Ihnen erlebt – und werden Tausende nach Ihnen erleben.

Grund genug, anhand von Beispielen Ihre Antworten auf die Testfragen noch einmal zu überprüfen.

Beispiel zu Frage 1

Der Chef einer Unternehmensberatung ließ es sich nicht nehmen, die Termine mit seinen Geschäftspartnern selbst zu machen. Die Erfahrungen der letzten zehn Jahre hatten ihn dazu gebracht, Termine auch einmal doppelt zu belegen, weil immer einer der Termine – manchmal auch beide – aus irgendwelchen Gründen verschoben werden mußten.

Der Montag-Morgen-10-Uhr-Termin war das bevorzugte Ziel der Doppel-Strategie. Und in der Tat: Regelmäßig kam um 9 Uhr ein Anruf, daß der eine Gesprächspartner noch in der Nordwand eines Berges kraxele, daß der andere offensichtlich seinen Barbesuch noch nicht beendet hätte – und was es sonst noch an fadenscheinigen Gründen auszugraben gibt.

Daß eine solche Chef-Strategie nicht immer gutgehen kann, liegt auf der Hand. So mußte die Sekretärin dieses „superschlauen" Chefs immer häufiger mit anhören, wie ihr Chef die Doppeltermine auf den mangelnden Durchblick seines Sekretariats schob.

Lesen Sie zu diesem Beispiel ausnahmsweise einmal nicht die Packungsbeilage, und fragen Sie auch nicht Ihren Arzt oder Apotheker — fragen Sie sich selbst: Hat man Ihnen schon einmal einen Fehler vorgeworfen, den Sie überhaupt nicht verursacht haben? Wenn „Ja" — korrigieren Sie Ihre Entscheidung.

Beispiel zu Frage 2

Vor einigen Jahren war ich oft mit einem Kollegen in dessen Auto unterwegs. Diesen Menschen gibt es als Kollegen von mir nicht mehr — das Auto gibt es als Auto nicht mehr. Ich bin zwar ein völlig „untechnischer" Mensch, aber das, was mein damaliger Kollege seinem Sechs-Zylinder zumutete, ging selbst mir zu weit. Kaum war die Stadtgrenze von München in Sichtweite, wurde der 5. Gang eingelegt — weil der ja so schön sparsam sein soll. In der Nähe von Köln-Nippes wurde dann wieder in den 4. Gang zurückgeschaltet — und das unabhängig davon, ob man auf den Kilometern zwischen München und Köln 180, 75 oder 30 km/h fahren konnte.

Entnervt teilte ich einem unserer Gesprächspartner in Köln die Leiden des Autos mit, und zwar mit folgenden Worten: „Der ist seit München aus dem 5. Gang nicht herausgekommen." In meiner dezenten Art wollte ich damit andeuten, daß mein Kollege nicht der beste Autofahrer ist, den ich kenne.

Und die Wirkung meiner Aussage? Der Gesprächspartner hatte nichts Eiligeres zu tun, als alle anderen lautstark zu informieren: „Die Herren aus München sind deshalb so früh hier, weil sie im 5. Gang durchfahren konnten!"

> Mein Kollege strahlte wegen dieser „grandiosen"
> Fahrleistung, der dann prompt drei Monate später das
> Auto zum Opfer fiel.

So können Bemerkungen falsch interpretiert und weitervermittelt werden – ein Vorgang, der sehr häufig auch zu Fehleinschätzungen von Personen – und damit auch von Chefs – führt.

Wenn Sie die einleitende Frage 2 mit „Nein" beantwortet haben, sollten Sie noch einmal in Ihrer Erinnerung kramen: Fehlinterpretationen und falsch verstandene Bemerkungen sind im Arbeitsleben fast an der Tagesordnung. Woran das liegt, erfahren Sie in diesem Buch.

> *Beispiel zu Frage 3*
>
> Eine engagierte Mitarbeiterin eines Fliesenfachgeschäftes wurde jahrelang als Lappen-Lady bespöttelt, weil sie vorgeschlagen hatte, die Ausstellungsräume mit hochwertigen Putzlappen sauberzuhalten. Diese waren zwar etwas teurer als die Abfall-Lumpen, die bislang benutzt wurden, brachten aber neben dem erwünschten Glanz auch noch Zeit- und damit Kostenersparnis. Mit ihrem Vorschlag biß sie jahrelang bei ihrem Chef auf Granit – bis dieser in einer renommierten Wirtschaftszeitschrift las, daß ein großer Automobilkonzern auf hochwertige Reinigungstücher umgestiegen war – unter anderem auch aus Kostengründen.

Es ist ein weit verbreitetes Gerücht, daß Arbeitnehmer sich um nichts anderes kümmern, als Arbeit anzunehmen, die irgendein Vorgesetzter an sie abgibt. Meine Erfahrung geht vielmehr dahin, daß bis auf ganz wenige Ausnahmen beruflich ein- und angespannte Menschen ein sehr lebendiges Interesse an dem haben, was sie während eines Drittels ihrer Tageszeit tun.

Da wird in den Arbeitspausen über aktuelle Dinge gesprochen, da werden heiße Diskussionen geführt, Vorstellungen entwickelt, wie man was und mit welchen Mitteln verbessern könnte. In vielen Unternehmen werden ganz offiziell Verbesserungsvorschläge, die angenommen werden, mit barer Münze entlohnt.

Im Großteil der meist mittleren und kleineren Betriebe werden Verbesserungsvorschläge jedoch immer noch als so etwas wie Störungen des Arbeitsablaufes oder Beleidigungen des Chefs angesehen. Einsicht und Übersicht scheint der Chefetage vorbehalten. Dabei ist es doch eigentlich nur logisch, daß derjenige, der sich tagtäglich mit einem Problem herumschlägt, leichter Verbesserungsvorschläge machen kann als derjenige, der die Probleme nur vom Hörensagen kennt.

Es versteht sich fast von selbst, daß der Chef des Fliesenfachgeschäftes in unserem Beispiel die Neuerung im Bereich ,,Sauberkeit und Hygiene" als seine eigene Idee vorstellte. Seine ehemals engagierte Mitarbeiterin engagiert sich jetzt mit Erfolg in einem anderen Unternehmen.

Ist Ihnen so etwas in ähnlicher Form widerfahren, liegen Sie mit Ihrer ,,Ja"-Entscheidung völlig richtig.

> *Beispiel zu Frage 4*
>
> Für den Chef einer Münsteraner Autoverleih-Firma sollte ich eine Abteilungsleiter-Ebene aufbauen. Neben einer exakten Stellenbeschreibung bestand für mich die Aufgabe darin, die geeigneten Mitarbeiter für dieses expandierende Unternehmen zu suchen. An Bewerbern, die die fachlichen Qualifikationen mitbrachten, fehlte es nicht.
>
> Nachdem ich meine Vorauswahl getroffen hatte, war die Runde der „engeren Wahl" mit dem Chef angesagt. Nachdem der dritte – bestens geeignete – Bewerber vom Chef abgelehnt worden war, bat ich ihn um ein persönliches Gespräch.
>
> Was dabei herauskam, war ebenso lächerlich wie erschreckend. Dieser „Herrscher" über 55 Mitarbeiter suchte seine Mitarbeiter für die nachgeordnete Führungsebene nach Negativ-Kriterien aus: Sie durften keine Vollbärte haben, keine Nappa-Mäntel tragen und mußten mindestens fünf Zentimeter kleiner sein als er selbst.
>
> Die persönliche Beurteilung durch den direkten Vorgesetzten ist in vielen staatlichen, halbstaatlichen und privaten Unternehmen die entscheidende Schwelle für Karriere oder beruflichen Stillstand. Oft sind es dabei nur Kleinigkeiten, die über den beruflichen Erfolg entscheiden.

Lächerlich? Nein – wahr!

So ähnlich kann es Ihnen ergehen, wenn Sie zwar den Wunsch nach beruflicher Weiterentwicklung haben, aber über längere Zeit von Ihrem direkten Vorgesetzten blockiert und behindert werden. Die Gründe für eine solche Blockade sind fast immer im menschlichen Bereich zu suchen.

Haben Sie mit „Ja" geantwortet, erfahren Sie in diesem Buch, wie Sie in Zukunft Karriereklippen dieser Art meistern.

Beispiel zu Frage 5

Frau Müller kommt mit ihren Kindern nicht zurecht. Herr Mayer hat ein Alkoholproblem. Fräulein Schulz steigt aber auch mit jedem ins Bett. Direktor Klein hat mal wieder Krach mit seiner Frau. Frau Deutsch haßt Ausländer. Der Versandleiter Mager hat immer nur das eine im Kopf. Der AZUBI Karl benimmt sich wie ein Homo. Die Gaby soll in die Kasse gegriffen haben. Die Chefin frißt aus Liebeskummer. Und wissen Sie schon das Neueste: Der Buchhalter soll sich in einer Bar mit dem Junior-Chef geprügelt haben.

Es ist doch schön, wenn Menschen Anteil haben an dem, was ihre Mitmenschen tun und sagen. Noch schöner ist es, wenn man sich außerhalb der Arbeitswelt um Probleme von Kolleginnen und Kollegen kümmert — das sagt sogar die Frau Kling aus der „Lindenstraße".

> Sie arbeiten in der Warenkontrolle.
> Sie nehmen Ihre Tätigkeit sehr ernst.
> Sie sehen so konzentriert aus, wie Sie arbeiten.
> Sie lassen sich durch Ihre Kollegen nicht ablenken.
>
> *Das ist die eine Seite!*
>
> A. zu B.: Der Kollege sieht aber heute noch ernster aus als sonst.
> B. zu C.: A. sagte mir gerade, daß der Kollege Kummer hat.
> C. zu D.: Das muß mit dem letzten Urlaub zusammenhängen – den hat er nämlich ohne seine Frau verbracht.
> D. zu E.: Der Kollege hat sich vor dem Urlaub mit seiner Frau verkracht.
> E. zu F.: Der Kollege leidet wohl sehr unter seiner Scheidung – kein Wunder, daß er noch ernster ist als sonst.
>
> *Das ist die andere Seite!*

Wenn Sie ganz sicher sind, daß Sie noch nie Gegenstand solcher oder ähnlicher Spekulationen waren, dann bleiben Sie bei Ihrem „Nein".

> *Beispiel zu Frage 6*
>
> Stellen Sie sich einmal vor, Sie sind Redakteur einer Tageszeitung. Tag für Tag versuchen Sie, die Ereignisse einer Großstadt in eine seriöse, aber dennoch interessante Hülle zu packen. Ihr Chefredakteur ist natürlich verantwortlich für das, was Sie abliefern. Alles – aber auch alles – liest er, formuliert die Schlagzeilen um, streicht ganze Absätze heraus, verkürzt den Text, will dieses und jenes noch drin haben und so weiter.
>
> Manchmal kommt dieser Chefredakteur gegen Mitternacht daher, wirft Ihnen Ihr Manuskript auf den Tisch, läßt ein kaum vernehmbares „mh" verlauten und ist schon wieder verschwunden.
>
> Sie blättern Ihr Manuskript durch und stellen fest, daß in Ihrem Artikel nicht einmal ein einziger Buchstabe verändert wurde. Ich kenne diesen bei seinen Mitarbeitern sehr beliebten Chefredakteur, und jeder weiß, daß das oben beschriebene Verhalten die höchste Form der Anerkennung ist.

Ein ganz mißliches Thema: Da reißt man sich mehrere Beine aus, versucht alles mit allen Mitteln, die Familie leidet unter der Wochenendarbeit – und was ist der Kommentar des Chefs? „Sie werden schließlich dafür bezahlt, daß Sie Ihre Aufgaben pflichtgemäß erfüllen!"

Eine solche Äußerung wirkt auf manche Menschen wie eine Ohrfeige. Die Reaktionen aber sind immer negativ: Der eine tut ab sofort nur noch das Nötigste, der andere sucht sich seine Anerkennung bei Kolleginnen und Kollegen, der dritte leitet seine Aktivitäten in private Freizeitkanäle um.

Aber Vorsicht: Es gibt Chefs, denen es von ihrer Persönlichkeitsstruktur her überhaupt nicht liegt, den Mitarbeitern nach jeder guten Leistung um den Hals zu fallen.

Überprüfen Sie bitte noch einmal Ihre Entscheidung zu Frage 6 und berücksichtigen Sie bei einer eventuellen Korrektur die Person Ihres Chefs und die Umstände, unter denen Sie – mit Recht – Lob und Anerkennung für gute Arbeit erwarten.

Beispiel zu Frage 7

Eine gute Freundin meiner Frau arbeitet seit drei Monaten in einem Architekturbüro. Sie hatte mit einem der Inhaber vereinbart, daß sie für die Koordination sämtlicher Tätigkeitsbereiche zuständig sein sollte – eine anspruchsvolle Tätigkeit, die sie mit Feuer und Flamme anging.

Bei einem gemeinsamen Essen sagte sie plötzlich: „In dieser Firma kann ich nicht lange arbeiten!" Alle Anwesenden legten wie auf Kommando Messer und Gabel zur Seite und müssen wohl – mich eingeschlossen – einen ziemlich erstaunten Gesichtsausdruck aufgesetzt haben. Wir alle wußten, daß noch vor Tagen „Friede, Freude, Eierkuchen" geherrscht hatte, daß der Job außergewöhnlich gut bezahlt wurde, daß wir alle nie eine negative Äußerung gehört hatten.

Als Erklärung erhielten wir die Aussage: „Immer wenn ich ins Büro komme, fröstelt's mich – es herrscht da so eine kalte, feindselige Atmosphäre." Neugierig wie ich bin, wollte ich natürlich wissen, wie dieses ungute Klima zustande kam. Irgendeiner mußte ja etwas getan oder gesagt haben, womit man diese negativen Eindrücke erklären konnte. Nichts – absolut nichts.

> Sie konnte sich nicht erklären, weshalb sie das Gefühl der Kälte und der Feindseligkeit hatte. Die beiden Chefs waren freundlich, die Kolleginnen und Kollegen hilfsbereit und zuvorkommend. Sie bestand darauf: ,,In diesem Büro ist es kalt und unpersönlich."
>
> Ich machte es kurz: Als die Freundin meiner Frau ihre Tätigkeit antrat, verdichtete sich gerade der Verdacht, daß einer der Inhaber sich ständig vor der Arbeit gedrückt hatte, daß der andere versucht hatte, sich die Firma ,,unter den Nagel zu reißen", und daß gegen beide ein Verfahren in einem Bestechungsskandal eingeleitet worden war.

Wann immer Sie das Gefühl haben, daß in Ihrer unmittelbaren Arbeitsumgebung irgend etwas nicht stimmt, können Sie sich in aller Regel auf Ihr Gefühl verlassen. In welchem Ausmaß Sie zu solchen Wahrnehmungen fähig sind, erfahren Sie später.

Beispiel zu Frage 8

Reibereien und Sticheleien gibt es überall, wo Menschen zusammen arbeiten und leben. Gott sei Dank haben wir alle unterschiedliche Interessen, Wünsche und Vorstellungen.

Der eine	*Der andere*
– möchte einen nikotinfreien Arbeitsplatz, um seine Lungenfunktionen zu erhalten,	– kann in kreativen Phasen auf seine Pfeife oder Zigarette nicht verzichten,
– möchte den Kontakt in einem Großraumbüro,	– braucht für seine Konzentration Ruhe und Abgeschiedenheit,
– kann es nicht erwarten, auf dem Chefsessel zu sitzen,	– will lieber die Verantwortung für seine Arbeit und nicht für die Mitarbeiter übernehmen,
– sucht Freunde und Bekannte im Arbeitsumfeld.	– besteht darauf, Beruf und Privatleben strikt voneinander zu trennen.

Alle diese Wünsche sind durchaus berechtigt, aber es geht einfach nicht, daß ein kreativer Raucher mitten in einem Großraumbüro arbeitet, in dem nur eingefleischte Nichtraucher mit einem starken Kontaktbedürfnis sitzen.

Sticheleien, die sich zu offenen Konflikten ausweiten, Reibereien, die einen unguten Zustand beseitigen helfen, sind notwendig, um die individuellen Positionen klar zu machen. Ich meine damit nur die Reibereien, die mit den Betroffenen selbst ausgefochten werden. Sticheleien, die hinter dem Rücken der Betroffenen gegenüber Dritten geäußert werden, fallen in eine andere Kategorie: die der üblen Nachrede, der Gerüchtebildung, der Intrige.

Beispiel zu Frage 9

Verhaltensweisen, die viele Beteiligte wahrnehmen, beobachten und interpretieren können, führen sehr schnell zu überzeichneten Beschreibungen.

Während meiner Bundeswehrzeit habe ich einen Hauptfeldwebel kennengelernt, der den Titel ,,Mutter der Kompanie" vollauf verdiente. Er kümmerte sich auch um die kleinsten Probleme der ihm anvertrauten Rekruten. Sein italienisch klingender Name brachte ihm schnell den Spitznamen Don Camillo ein – eine Bezeichnung, auf die man eigentlich stolz sein kann. Im Verlauf der Grundausbildung entwickelte sich aus Don Camillo ,,Don Promillo". Der Mann aber hatte sich überhaupt nicht verändert.

Es war seit Jahrzehnten selbstverständlich für ihn, nach absolvierter Grundausbildung mit ,,seinen" Soldaten auch persönlichen Kontakt zu pflegen. Daß dies ab und zu bei einem Pils passierte, ist ja an sich nichts Schlimmes. Schlimm ist aber, daß dieser Mensch alle drei Monate seinen Spitznamen von Camillo in ,,Promillo" verändert sah – ziemlich ungerechtfertigt, wie ich meine.

Chefs und Vorgesetzte sind auch Menschen — auch sie haben das Recht auf persönliche Eigenschaften und Eigenarten. Die Grenzen zwischen Eigenschaften und Eigenarten sind nicht scharf zu ziehen. Wenn Ihr Chef an die 100 hektische Zigaretten am Tag verkonsumiert, dann kann das ein Zeichen von Überengagement in seinem Beruf sein — es kann aber auch ein Ventil für unbewältigten Streß sein.

Verhaltensweisen an sich sind wertfrei, es kommt immer darauf an, wie andere sie sehen. Einen Chef, der sich bei jeder unpassenden Gelegenheit die Haare rauft, finden manche zum Totlachen, andere wissen ganz genau, daß Minuten später ein unangenehmer Wutanfall folgt.

Ein Chef, der sehr genau ist, wird schnell als Pedant oder Pingel bezeichnet, ein eher temperamentvoller als Bollerkopp, die zurückhaltenden Vorgesetzten sind die berühmten stillen Wasser, ein unzufriedener heißt oft Frusti, ein älterer wird zum Grufti gemacht, die resolute Vorgesetzte ist eine Emanze, die glücklich verheiratete Mitarbeiterin eine Familienkuh... Es würde mir nicht schwerfallen, die restlichen Seiten dieses Buches mit ähnlichen vorschnellen ,,Verurteilungen" zu füllen.

Wir werden feststellen, daß es immer die persönlichen Eigenschaften und Eigenarten eines Vorgesetzten sind, die auf seine Mitarbeiter störend, belustigend oder angenehm wirken. Je ähnlicher sich die Beteiligten in der Persönlichkeitsstruktur sind, desto gnädiger oder wohlwollender fällt ihr Urteil aus.

Ein kontaktfreudiger Mitarbeiter wird seinen kontaktfreudigen Chef als völlig normal empfinden, ein penibler Arbeiter wird Witze über seinen akkurat arbeitenden Chef erst gar nicht verstehen, ein kreativer Mitarbeiter wird die Spontaneität seines Chefs bewundern.

> *Beispiel zu Frage 10*
>
> Wenn man Sie jeden Arbeitstag unnötig in Streß versetzt, wenn Sie es aushalten, von einem Ihrer Chefs tagtäglich ungerecht behandelt zu werden, wenn man Ihnen nicht glaubt, daß Sie mit Ihrem Verhalten nur den Zielen des Unternehmens dienen wollen, dann gibt es für Sie nur zwei Möglichkeiten: Entweder Sie belassen alles beim alten oder Sie entscheiden sich, Ihr berufliches Umfeld positiv zu verändern.

Herzlichen Glückwunsch zu Ihrer Entscheidung!

Woher ich weiß, daß Sie sich für die positive Veränderung entschieden haben? Dadurch, daß Sie mir bis hierher gefolgt sind!

Und das erwartet Sie:

— Sie werden wichtige Einzelheiten über Ihre eigene Persönlichkeitsstruktur erfahren.
— Sie werden lernen, Ihre persönlichen Stärken zu stabilisieren und Ihre Schwächen abzubauen.
— Sie werden in der Lage sein, die Persönlichkeitsstruktur Ihres Chefs zu erkennen.
— Sie werden erkennen, wo die Stärken und Schwächen Ihres Vorgesetzten liegen.
— Sie werden erkennen, wie sinnvoll es ist, die Stärken des Chefs für sich selbst auszunutzen.
— Sie werden wissen, wie man sich gegen Gerüchte und Vorurteile wehren kann.
— Wir werden gemeinsam Vorgehensweisen erarbeiten, mit Hilfe derer Sie Ihre Arbeitssituation positiv beeinflussen können.

Stimmt – wenig haben wir uns damit nicht gerade vorgenommen, aber eines muß mit diesen Zielen eigentlich ganz deutlich geworden sein: Mit weißen Kaninchen aus dem schwarzen Zauberhut werden keine Probleme gelöst.

Manche meiner Kollegen fühlen sich wirklich wie Zirkus-Magier, die auf alle Fragen mit geheimnisvollen Zauberformeln antworten.

Nehmen wir die Fragen vom Anfang dieses Kapitels. Nichts ist einfacher, als allgemeine, gutgemeinte Ratschläge unter die Leser zu streuen – ich kann das auch:

Ungerechtfertigter Vorwurf: Wird Ihnen ein Fehler vorgeworfen, den Sie nicht verursacht haben, dann sollten Sie Ihr Temperament zügeln. Geniale Lösung, finden Sie nicht auch?
Fehlinterpretationen – sofort richtigstellen!
Verbesserungsvorschläge – nur nicht lockerlassen!
Keine Karriere? – sich über den Chef beschweren!
Gerüchte – Betriebsrat oder Schwarzes Brett!
Keine Anerkennung – Arbeitsplatz wechseln!
Herzlose Atmosphäre – Privatleben intensivieren!
Sticheleien – nicht ignorieren!
Eigenarten des Chefs – hinnehmen und lieben lernen!
Änderungen herbeiführen – besser nicht, sie könnten sich negativ auswirken.

Das sind die verkürzt dargestellten Empfehlungen, die ich aus einer Unsumme von Büchern entnommen habe, die sich mit der Arbeitswelt und zum Teil auch mit dem Verhältnis von Vorgesetzten und Mitarbeitern beschäftigen. Erstaunlich ist, daß einige dieser „Empfehlungen" auch aus firmeninternen Vereinbarungen stammen, die mithelfen sollen, das Betriebsklima zu verbessern.

Wenn alle Problembereiche so einfach zu bewältigen wären, gäbe es keine Konflikte, keine Probleme und keine unerfüllten Wünsche von Arbeitnehmern mehr.

Es führt kein Weg daran vorbei, daß man sich mit den Menschen beschäftigt, die Probleme und Konflikte mit anderen Menschen erleben und durchstehen müssen.

Keiner könnte mir einreden, daß tausendfältige Situationen am Arbeitsplatz wie durch eine Brandschutzverordnung geregelt werden können, bei der es unter Ziffer 1 immer heißt: *Ruhe bewahren!*

Manche der oben — etwas ironisch — dargestellten Verhaltensweisen können in einer bestimmten Situation und gegenüber einem bestimmten Chef durchaus ihre Richtigkeit haben. Mit Sicherheit ist es aber so, daß eine an sich richtige Verhaltensweise bei einem bestimmten Chef überhaupt nicht fruchtet.

Es ist in der Regel richtig, daß bei persönlichen Differenzen die ,,Ruhe, in der die Kraft liegt'' besser geeignet ist, die Wogen zu glätten, als andere Verhaltensweisen. Das muß aber nicht immer so sein — es hängt davon ab, mit wem man es gerade zu tun hat.

> *Beispiel*
>
> Eine Chef-Sekretärin hatte monatelang versucht, ihren Chef dazu zu bewegen, die EDV-Anlage auf den neuesten Stand zu bringen. Häufig sind irgendwelche Speicherplatten übergelaufen, die Daten waren weg, das Chaos war da. Der Chef war – und ist es wohl noch heute – ein liebenswerter Chaot. Wenn irgend etwas nicht klappte, hatte er ja noch seine Sekretärin im Rücken – nach dem Motto: ,,Die macht das schon.'' Fairerweise muß man zugestehen, daß dieser Chef einen umwerfenden Charme hat, eine witzige Art, die jedes Problem in einem weniger bedrohlichen Licht erscheinen ließ, mit anderen Worten: ein liebenswerter Mensch. Nun ist es ja gerade bei liebenswerten Menschen besonders schwierig, etwas mit Härte durchsetzen zu wollen. Irgendwann war aber doch der Geduldsfaden der Sekretärin gerissen – sie knallte ihm eines Tages alle Fehlleistungen des Computers auf den Tisch: die nicht registrierten Termine, die fehlerhafte Kundenliste, die abgebrochene Umsatzentwicklung, die nicht identifizierbaren Zeichen als Ausdruck der Überlastung des malträtierten Computers. ,,Das mache ich so nicht mehr mit'', meinte die Sekretärin. ,,Lassen Sie sich doch mal beraten – wir brauchen einen Computer mit mehr Kapazität'', sagte der Chef. Eine Minute später war er schon bei einem Thema, das ihm wichtiger erschien.

So einfach geht das, wenn man weiß, daß bestimmte Chefs eben nur auf die volle Wahrheit reagieren – auf nichts anderes als auf die volle, brutale Realität. Eine Empfehlung, diesem Chef detaillierte Unterlagen vorzulegen, eine Systemanalyse vorzuschlagen, wäre bei diesem Chef sicherlich fehl am Platz gewesen.

Man muß wissen, mit wem man es zu tun hat, sonst kann es sein, daß alle gutgemeinten Bemühungen im Sande verlaufen.

Der Volksmund, der ja bekanntlich den Psychologen um Generationen voraus ist, faßt das in sehr griffige Formeln:

- Keiner kann aus seiner Haut.
- Trau, schau, wem.
- Wer's jedem recht tut, macht's keinem recht.
- Jeder ist sich selbst der nächste.
- Jeder ist seines Glückes Schmied.

Sicher, es gibt im Volksmund auch einige Schwachsinnigkeiten, die nicht mehr in unsere Zeit passen, aber eine Grundtendenz sollte einem den Rücken stärken: Man kann etwas tun, um die eigene Situation zu verbessern.

Fazit

Wenn man etwas für sich selbst tun will, muß man auch bei sich selbst anfangen – gehen Sie davon aus, daß kein anderer von sich aus für Sie tätig wird.

Kapitel 2:
Das Tor zu Ihrer Persönlichkeit

Wenn Sie etwas bewirken wollen, müssen Sie wissen, was Sie auf Grund Ihrer Persönlichkeitsstruktur können, und was Sie tunlichst vermeiden sollten. Die Persönlichkeit eines Menschen hat sich einige Jahre nach dem Ende der Pubertät stabilisiert – man verhält sich dann so, wie man ist. Treten nicht außergewöhnliche Umstände ein, wird die Persönlichkeitsstruktur nicht durch einschneidende Krankheiten empfindlich gestört, kann man davon ausgehen, daß die Identität einer Persönlichkeit bis zum Lebensende erhalten bleibt.

Die Verhaltensweisen, die jedes Individuum als sinnvoll und erfolgreich erfahren hat, werden beibehalten und verstärkt – also wird man immer wieder die Verhaltensweisen an den Tag legen, von denen man weiß, daß sie einem zumindest in der Vergangenheit keinen Schaden zugefügt haben. So verhält man sich zunehmend so, wie es den eigenen Erfahrungswerten entspricht. Diese Erfahrungswerte sind natürlich von Person zu Person unterschiedlich.

Beispiel

Sie sind noch nicht geboren. Ihre Eltern wissen aber, daß Sie mit aller Wahrscheinlichkeit im September zur Welt kommen werden. Erschwerend kommt hinzu, daß Ihre Eltern sehr horoskopgläubig sind, sie wissen also, daß Sie eine *Jungfrau* werden.

Pünktlich sind Sie – und werden tatsächlich eine *Jungfrau* vom ersten Augenblick Ihres Lebens an. Ihre Eltern sind hocherfreut, weil sie mit dem Sternkreiszeichen immer nur gute Erfahrungen gemacht haben.

Man sagt den *Jungfrauen* nach, daß sie besonders ordentlich und korrekt sind, daß sie ihr Leben planerisch und zielgerichtet in den Griff bekommen. Für Ihre Eltern natürlich eine sehr gute Zukunftsperspektive – wer möchte nicht einen Sproß in der Familie haben, der sein Leben meistert? Sie spielen mit Bauklötzen – wie Ihnen das mit 9 Monaten zusteht. Zufällig legen Sie einmal zwei Bausteine genau übereinander – da stürzen die Mama und die Oma hocherfreut ins Zimmer und rufen gleichzeitig: ,,Sieh' mal, sieh' mal, wie ordentlich der das macht – typisch *Jungfrau!*''

Alle freuen sich – Sie, weil Sie offensichtlich in so jungen Monaten eine tolle Leistung vollbracht haben, die Mama, weil Sie ihre *Jungfrau*-Erwartungen erfüllen, die Oma, weil sie immer schon auf die Macht der Sternkreiszeichen eingeschworen war.

Bei allem, was Sie nach diesen ersten Kindeserfahrungen gelernt haben, werden Sie die Verhaltensweisen weiter kultivieren, die Ihnen Lob und Anerkennung bringen. Auf diese Art und Weise werden *Jungfrauen* geboren.

Ich selbst halte von Horoskopen überhaupt nichts – die Astrologen mögen mir verzeihen. Ich weiß aber, daß eine solche Einstellung durchaus ihre Wirkung haben kann. Wenn ich einmal die Erfahrung gemacht habe, daß es sinnvoll ist, vor einer Entscheidung die Konsequenzen zu überdenken, werde ich aller Wahrscheinlichkeit nach diese Strategie auch vor der nächsten Entscheidung anwenden. Mache ich jedoch die Erfahrung, daß mir ,,Entscheidungen aus dem Bauch'' Erfolg bringen, werde ich so lange an dieser Vorgehensweise festhalten, wie sie mir nützt.

Bei der Horoskop-Gläubigkeit wirkt der gleiche Mechanismus: Ich weiß, daß ich eine ,,Jungfrau'' bin, das Horoskop empfiehlt mir, keine unüberlegte und riskante Geldanlage zu tätigen. – Weil ich immer schon wenig risikogeneigt war, verzichte ich auf die Spekulation. – Der Börsenmarkt rutscht in eine Baisse. – Gut, daß ich so vorsichtig war.

Und was sagen die Anhänger der Horoskop-Fan-Gemeinde: Daß der nicht mit Aktien spekuliert, habe ich gewußt – der ist ja schließlich *Jungfrau!*

Jeder Mensch ist so, wie er sich verhält.

Ein Chef, der nichts von seinem Privatleben preisgibt, gilt als zurückhaltend.

Ein Chef, der täglich seine Mitarbeiter anschnauzt, gilt als aggressiv.

Ein Chef, der sich auch um die persönlichen Belange seiner Mitarbeiter kümmert, gilt als kontaktfreudig.
Das sind aber nur Einzelbeispiele!

Was sonst überhaupt nicht meine Art ist: Ich werde mich in diesem Buch so oft es geht wiederholen. Von Einzelbeispielen auf komplexe Persönlichkeitsmerkmale zu schließen, ist manchmal richtig, machmal gefährlich – und oft falsch. Man muß schon die Gesamtpersönlichkeit eines Handlungspartners kennen, um einzelne Verhaltensweisen richtig einordnen und bewerten zu können.

Aus diesem Grund werde ich Sie auch mit einem Persönlichkeitsmodell bekannt machen, welches Sie befähigt, Einzelbeobachtungen in eine bestimmte Persönlichkeitsstruktur bewußt und zielsicher einzuordnen.

Nur ganz wenig Geschichte

1971 hatte ich das große Vergnügen, als Stipendiat am La Salle College, Philadelphia, USA weilen zu dürfen. Das von mir selbst gesteckte Ziel war herauszufinden, warum manche gute Studenten der Psychologie in ihren Prüfungen unterdurchschnittlich schlecht abschnitten, während schlechte Studenten bei manchen Professoren außergewöhnlich gut abschnitten.

Das eigentliche Ziel meiner Untersuchung war ursprünglich, wie unterschiedlich deutsche und amerikanische Psychologie-Studenten ihre Professoren einschätzen. Dieses Ziel wurde schnell zweitrangig, als ich – mit einigen anderen Kollegen – feststellte, daß es in beiden Kulturen nahezu identische Professoren-Typen gab.

Interessanter war die Erkenntnis, daß bei mündlichen Prüfungen überdurchschnittlich gute Studenten bei einigen Professoren Noten erhielten, die völlig aus dem Leistungsrahmen herausfielen – bei „schlechten" Studenten war das oft umgekehrt.

Die Lösung dieses Phänomens war ganz einfach. Wir haben festgestellt, daß gute Noten in mündlichen Prüfungen immer dann zustande kamen, wenn die Persönlichkeitsstrukturen von Professoren und Studenten ähnlich waren. Waren die Persönlichkeiten völlig verschieden, haben überdurchschnittlich mehr „gute" Studenten schlechte Noten erzielt.

Fazit

Je mehr Ihre eigene Persönlichkeit der Ihres Chefs entspricht oder ähnelt, desto größer ist die Wahrscheinlichkeit, daß Sie mit Ihrem Chef gut auskommen – und umgekehrt.

Bei der oben beschriebenen Untersuchung, die dann letztlich zu dem von mir entwickelten Persönlichkeitsmodell geführt hat, haben wir an die 2 000 konkrete Verhaltensweisen beurteilen lassen. Bei den Bewertungen auf einer Skala von „sehr angenehm" bis „äußerst unangenehm" sind im Grunde genommen die eigenen Verhaltensweisen beurteilt worden.

Wenn mir mein Gesprächspartner dauernd ins Wort fällt, ich das als unangenehm oder sogar als unhöflich empfinde, dann werde ich diese Verhaltensweise kaum an mir selbst pflegen.

Sollte ich aber einer von denen sein, die liebend gerne die langatmigen Ausführungen meines Gesprächspartners unterbrechen, wird es mich weniger stören, wenn ich selbst einmal unterbrochen werde.

Aus den Bündeln von Verhaltensweisen ergeben sich Anhaltspunkte für die Persönlichkeitsstruktur meines Handlungspartners.

In ganz normalen Arbeitssituationen, bei einer ganz normalen Stimmungslage bei Ihnen und Ihrem Chef passen einzelne Verhaltensweisen immer ins Gesamtbild.

Das paßt:

- Ihr Chef hört Ihnen geduldig zu.
- Ihr Chef sammelt vor Entscheidungen Daten und Fakten.
- Ihr Chef pflegt einen kooperativen Führungsstil.

Wer sich so verhält, muß ein anderer Chef sein:

- Ihr Chef redet laut und hektisch.
- Ihr Chef weiß nicht mehr, was er vor drei Tagen angeordnet hat.
- Ihr Chef führt seine Mitarbeiter streng und autoritär.

Eine Kombination dieser Verhaltensweisen ist unter normalen Umständen unmöglich – Menschen verändern sich in ihrer Persönlichkeitsstruktur nur unter außergewöhnlichen Belastungen, bei Schocksituationen oder durch körperliche Veränderungen (etwa durch Drogen, Alkohol oder hormonelle Veränderungen).

Sie können also davon ausgehen, daß Ihr Chef so bleibt, wie er ist. Das ist auf der einen Seite ziemlich beruhigend, weil Sie wissen, was in den nächsten Monaten und Jahren auf Sie zukommt – kann aber auch beunruhigend sein, wenn Sie feststellen, daß Ihre eigene Persönlichkeitsstruktur sich von der Ihres Chefs total unterscheidet. Da es keine identischen Menschen gibt, ist zweiteres wahrscheinlicher. Sie werden sich im Berufsleben immer mit Menschen „herumzuschlagen" haben, die nicht so denken, fühlen und handeln wie Sie selbst.

Generationen von Psychologen haben sich mit der Frage beschäftigt, warum die Menschen so werden, wie sie sind. Das eine Lager vertritt die Vererbungstheorie, die besagt, daß mit der Gen-Kombination bei der Geburt die Persönlichkeit festliegt – salopp ausgedrückt: Es ist alles gelaufen.

Die Verhaltenstheoretiker forschen in der Entwicklungsgeschichte des Menschen, um herauszufinden, wann welche Ereignisse dazu geführt haben, bestimmte Verhaltensweisen zu verstärken, andere zu vernachlässigen.

Diese akademische Diskussion ist müßig, wenn es um die Frage geht, wie Sie in Ihrem Berufsleben besser mit Ihrem Chef umgehen – wie Sie persönlich Ihren Chef besser in den Griff bekommen.

Alle Ihre Chefs haben die Phase der Persönlichkeitsbildung hinter sich. Irgendwann, durch irgendwelche Umstände – und meinetwegen auch durch genetische Vorgaben – haben Ihre Chefs gelernt, daß bestimmte Verhaltensweisen zum Erfolg, andere zum Mißerfolg führen. Ihre Chefs wären also ganz schön blöde, wenn sie an ihren Verhaltensweisen etwas ändern würden – immerhin sind die Verhaltensbündel dazu geeignet gewesen, die irgendwie geartete Position eines Vorgesetzten zu ermöglichen.

Die Konsequenz aus meiner Studie und aus meiner Erfahrung als Unternehmensberater kann für Sie nur sein:

Gehen Sie davon aus, daß Sie es in Ihrer Beziehung zu Ihren Vorgesetzten mit ausgereiften und festgefügten Persönlichkeiten zu tun haben.

Das heißt nicht, daß sich bei Ihnen jetzt so etwas wie Resignation breitmachen sollte – im Gegenteil, wenn Sie wissen, daß sich auf eine bestimmte Art etwas festgefügt hat, dann sind sie auch in der Lage, liebgewordene Verhaltensmuster aufzubrechen. Diese Aussage gilt gleichermaßen für Sie wie für alle, mit denen Sie es in Ihrem Arbeitsleben zu tun haben – für positive Entwicklungen gibt es keine Grenzen.

Einige Grundvoraussetzungen sind allerdings unabdingbar:

– Sie müssen wissen, wie Ihre eigene Persönlichkeit strukturiert ist;
– Sie müssen wissen, wo Ihre eigenen Stärken und Schwächen liegen;
– Sie müssen die Persönlichkeitsstruktur Ihrer Vorgesetzten erkennen lernen;
– Sie müssen persönliche Strategien entwickeln können, um Ihre Wünsche und Interessen bei Ihrem Vorgesetzten wirksam durchsetzen zu können;
– Sie müssen lernen, Ihre Erfolge an der Realität zu messen.

Ein schönes Stück Arbeit – auch wenn ich für meinen Geschmack ein wenig zu penetrant die Formulierung ,,Sie müssen'' verwendet habe. Glauben Sie mir – es geht nicht anders. Schließlich habe ich auch etwas gegen weiße Kaninchen aus einem schwarzen Zauberhut.

Bestandsaufnahme

Mit dem nachfolgenden Instrument werden Sie einige Persönlichkeitsmerkmale, die Sie sich selbst bewußt oder unbewußt sowieso schon immer zugerechnet haben, erkennen. Das „Instrument" ist also kein Test, der über *gut* oder *böse* entscheidet, sondern eine Hilfe, die eigene Persönlichkeitsstruktur noch besser zu erkennen, und an ganz konkreten Verhaltensweisen zu messen.

Ihre Aufgabe besteht darin, die nachfolgend beschriebenen Situationen nachzuvollziehen und dann bei den vorgegebenen Alternativen Bewertungen vorzunehmen.

Sollten Sie in der einen oder anderen beruflichen Situation noch nicht gewesen sein, versetzen Sie sich in diese hinein, und bewerten Sie die Situation so realistisch, wie es Ihnen möglich ist.

Ich gebe Ihnen immer sechs Alternativen vor. Diese Alternativen beschreiben unterschiedlichste Reaktions- und Verhaltensweisen.

Die Auswahl, also die Bewertung der vorgegebenen Alternativen, die Ihnen persönlich am nächsten kommen, treffen Sie selbst.

Bei jeder der 15 vorgegebenen Situationen haben Sie die Möglichkeit, sechs Punkte zu verteilen. Bei der Verteilung der sechs Punkte sind Sie völlig frei – es sollten jedoch immer sechs Punkte und nie weniger sein.

Mit der Verteilung von insgesamt 90 Punkten auf 15 Situationen eröffne ich Ihnen die Möglichkeit, mehr über sich selbst und damit über Ihre Persönlichkeitsstruktur zu erfahren.

Rein theoretisch ergeben sich diese Möglichkeiten:

6 Punkte für eine der sechs vorgegebenen Möglichkeiten;
5 Punkte für eine Alternative, die weitgehend der eigenen Verhaltensweise entspricht, 1 Punkt für eine Verhaltensweise, die gerade eben noch zutrifft;

4 Punkte dafür, daß eine Verhaltensweise vorwiegend zutrifft, 2 oder jeweils ein Punkt auf die anderen zutreffenden Alternativen;

3 zu 3 Punkte bedeutet, daß zwei der angebotenen Alternativen gleichermaßen für Sie zutreffen – alle anderen überhaupt nicht;

2 zu 2 zu 2 Punkte bedeuten, daß 3 Alternativen für Sie gleichermaßen wichtig sind . . . usw.

Bei jeder Situation können Sie folgende Punkteverteilungen vornehmen:

6
5 – 1
4 – 2
4 – 1 – 1
3 – 3
3 – 2 – 1
3 – 1 – 1 – 1
2 – 2 – 2
2 – 2 – 1 – 1
2 – 1 – 1 – 1 – 1
1 – 1 – 1 – 1 – 1 – 1

Regeln

– Es müssen immer jeweils 6 Punkte vergeben werden.
– Wie Sie die 6 Punkte auf die 6 Alternativen verteilen, bleibt Ihnen überlassen.
– Lesen Sie alle Alternativen zunächst einmal durch, um sich einen Überblick zu verschaffen.
– Streichen Sie die Alternativen heraus, die überhaupt nicht zu Ihnen passen.
– Nehmen Sie bei den übrigen Alternativen durch die Anzahl Ihrer Punkte eine Gewichtung vor.

Mit der Anweisung für die Bearbeitung zur Klärung Ihrer Persönlichkeitsstruktur mache ich mir bewußt so viel Mühe, weil die Ergebnisse die Grundlage für alle weiteren Schlußfolgerungen sind.

Sie müssen wissen, wo Ihre Stärken und Schwächen liegen, damit Sie aus den Stärken heraus effektiv agieren und reagieren können. Es hat also auch überhaupt keinen Sinn, wenn Sie sich bei der Bearbeitung der Unterlage belügen, wenn Sie also vorgegebene Alternativen bevorzugen, die Ihrem Wunschbild entsprechen.

Das Ergebnis Ihrer Bearbeitung ist weder gut noch schlecht — es soll lediglich Aufschluß über Ihre Persönlichkeitsstruktur geben. Bewerten Sie also so ehrlich wie möglich!

Beispiel

Wenn ich gefragt würde, welche Fernsehsendungen ich bevorzuge, dann würde meine Punkteverteilung so aussehen:

A 1 Kriminalfilme
B 1 Nachrichten
C — Erotikfilme
D — Science-Fiction-Filme
E 1 Talk-Shows
F 3 Sport

Diese Bewertung bedeutet natürlich nicht, daß ich ein borniertner Sport-Glotzer bin — es heißt nur, daß ich mich des Mediums Fernsehen in erster Linie bediene, um bei Sportereignissen auf dem laufenden zu sein. Ob ich meine politischen, kulturellen und philosophischen Informationsbedürfnisse aus anderen Quellen befriedige, bleibt von der Fragestellung her völlig unberührt.

Sie sollten also auch nur das bewerten, was Ihnen als Alternativen vorgegeben wird – nur so können wir eine vergleichbare Basis zur Bestimmung Ihrer und anderer Persönlichkeitsstrukturen vornehmen.

Hinweise

Wenn Sie Ihre persönlichen Punkteverteilungen nicht in dieses Buch schreiben, sondern auf ein gesondertes Blatt, können Sie das Instrument bei Ihren Verwandten, Bekannten, Kolleginnen und Kollegen – vielleicht sogar bei Ihren Chefs – mehrfach verwenden.

Die Auswertung Ihrer Beurteilungsergebnisse wird erschwert – im Extremfall unmöglich –, wenn Sie immer nur 6 Punkte auf eine Alternative vergeben, oder wenn Sie auf alle Alternativen immer nur einen Punkt vergeben.

Und nun wünsche ich Ihnen viel Spaß und ein angemessenes Maß an Ernsthaftigkeit.
  Versetzen Sie sich in die jeweilige Situation, und nehmen Sie Ihre ganz persönliche Gewichtung vor.

1. Situation: Ungerechtigkeit

Ihr Chef hat Ihnen eine Arbeit am Kopierer aufgetragen. Bis 10 Uhr sollen die Kopien (eine stattliche Anzahl) für Geschäftspartner bereitliegen.
  Die Geschäftspartner kommen aber nicht um 10 sondern schon um 9 Uhr. Um 9.01 Uhr steht der Chef vor

Ihnen und schnaubt: „Wo bleiben denn die verdammten Kopien?"

Wie reagieren Sie in dieser oder in einer ähnlichen Situation?

A _____ Sie bedauern, nicht gewußt zu haben, daß die Kopien schon früher benötigt werden.

B _____ Sie verweisen darauf, daß der Kopierer nur alle 1 1/2 Sekunden eine Kopie produziert.

C _____ Sie versprechen, daß Sie sich noch mehr als üblich beeilen werden.

D _____ Sie sagen, daß die Kopien – wie vereinbart – um 10 Uhr zur Verfügung stehen.

E _____ Sie lassen sich auf keine Diskussion ein und arbeiten fleißig weiter.

F _____ Sie stellen die Arbeit sofort ein und kündigen an, sich beim Betriebsrat zu beschweren.

Haben Sie insgesamt 6 Punkte auf die vorgegebenen Alternativen verteilt? Gut – bearbeiten Sie die nächste Situation.

2. Situation: Super-Chef

Seit längerer Zeit ist in Ihrer Abteilung bekannt, daß Sie einen neuen Chef bekommen, weil Ihr bisheriger Vorgesetzter aus Altersgründen ausscheidet. Sie und Ihre Kolleginnen und Kollegen wissen nicht, wer der neue Chef sein wird. In den Pausen wird natürlich darüber gesprochen, welche Eigenschaften der neue Chef haben sollte.

Welche Eigenschaften-Kombination sollte Ihr Super-Chef haben?

A _____ Korrektheit und Zielstrebigkeit
B _____ Menschlichkeit und Einfühlsamkeit
C _____ Autorität und Durchsetzungsvermögen
D _____ Gesprächsbereitschaft und Ehrlichkeit
E _____ Gelassenheit und Souveränität
F _____ Spontaneität und Kreativität

Es ist leichter, wenn Sie die Alternativen, die überhaupt nicht zu Ihrer Einstellung passen, beim ersten Durchlesen spontan ausstreichen.

3. Situation: Streß

Im Arbeitsleben gibt es oft Situationen, die einen an den Rand der psychischen oder physischen Erschöpfung bringen. Meist ist es auch so, daß sich Streßphasen irgendwie ankündigen: Die Lieferaufträge stapeln sich, die Auftragslage boomt, der Chef kommt aus dem Urlaub zurück . . .

Wie würden Sie Streßphasen im Beruf am liebsten kompensieren bzw. verhindern, wenn Sie so könnten, wie Sie wollen?

A _____ Meine beste Streß-Bewältigung findet nach der Arbeit in der Familie statt.
B _____ Streß muß nicht bewältigt werden, weil kurzfristige Belastungen zum Beruf gehören.
C _____ Vermeidung von Streß ist eine Planungs- und Organisationssache.
D _____ Streß im Beruf kann nur durch Aktivitäten bei Sport und anderen Hobbys kompensiert werden.

E _____ Jeder, der Streß kennt, weiß auch, daß danach wieder angenehmere Arbeitsphasen kommen.

F _____ Bei beginnenden Streßphasen muß man sich die einzelnen Arbeitsschritte noch genauer überlegen als sonst.

Lassen Sie sich nicht beirren, wenn keine der angebotenen Alternativen 100prozentig auf Sie zutrifft – vergeben Sie dann die meisten der 6 Punkte an die Alternative, die Ihren Vorstellungen oder Verhaltensweisen am nächsten kommt.

4. Situation: Anerkennung

Jeder Arbeitnehmer – auch Ihr Chef – erhält hin und wieder Lob und Anerkennung für besonders herausragende berufliche Leistungen. Daß man dabei von 80 000 Zuschauern bejubelt wird, bleibt wohl nur einem Fußballspieler vorbehalten, der in der letzten Minute das entscheidende Tor schießt. In der normalen Arbeitswelt finden Lob und Anerkennung mit anderen Mitteln und Methoden statt.

Welche sind Ihnen denn am liebsten?

A _____ Wenn schon Lob für besondere Leistungen, dann sollte dies im Beisein der Kolleginnen und Kollegen stattfinden.

B _____ Am liebsten ist mir die Anerkennung für meine berufliche Leistung, die sich nicht auf meine Person, sondern auf die Sache bezieht.

C _____ Mich braucht keiner zu loben, ich weiß auch so, daß ich gute Arbeit leiste.

D _____ Lob und Anerkennung sind mir dann am liebsten, wenn sie spontan und von Herzen kommen.

E _____ Wenn meine Kollegen und Kolleginnen mit meiner Arbeit zufrieden sind, brauche ich keine Anerkennung durch meinen Chef.

F _____ Schriftliche Belobigungsschreiben sind mir lieber als ein mündlich ausgesprochenes Lob, weil dieses am nächsten Tag wieder zurückgenommen werden kann.

Vermeiden Sie es, immer nur 6 Punkte einer vorgegebenen Alternative zuzuordnen – die in etwa für Sie noch zutreffenden Alternativen kommen dadurch zu kurz.

5. Situation: Gerüchteküche

Es ist gut, daß immer dort, wo Menschen zusammenleben und arbeiten, über die Beteiligten am Arbeitsprozeß gesprochen wird. Es ist immer ein gutes Zeichen, wenn man sich der Probleme, der Freude, der privaten Dinge seines Mitarbeiters und seiner Mitarbeiterin annimmt: Man schenkt seinen Mitmenschen dadurch Beachtung.

Manchmal gerät diese an sich fürsorgliche Einstellung jedoch aus den Fugen – aus der sachlichen Information wird eine Vermutung, diese wird durch weitere Vermutungen gestützt, es entsteht ein Gerücht.

Wenn ein Gerücht verbreitet wird, geschieht dies oft mit der berühmten Formulierung: „Wissen Sie eigentlich

schon, daß der Herr Sowieso ein Sowieso-Problem hat?"
Wie reagieren Sie auf Gerüchte?

A _____ Ich spreche den Betroffenen direkt an und frage ihn, was an den Gerüchten wahr ist.

B _____ Zu Gerüchten gebe ich nie einen Kommentar ab, weil ich weiß, daß die meisten sowieso im Sande verlaufen.

C _____ Gerüchte enthalten immer ein Körnchen Wahrheit, welches man am besten durch Gespräche mit vielen Kolleginnen und Kollegen herausfindet.

D _____ Gerüchte, die mich nicht persönlich betreffen, lassen mich völlig kalt.

E _____ Wenn Gerüchte das Arbeitsklima vergiften, muß man alles daransetzen, den Gerüchte-Urheber ausfindig zu machen.

F _____ Gerüchte bieten eine gute Gelegenheit, mit dem Betroffenen über dessen Probleme zu sprechen.

Spätestens jetzt haben Sie es gemerkt: Bei manchen Fragestellungen geht's auch ans Eingemachte, d.h. es geht um Ihre persönliche Einstellung zu bestimmten Sachverhalten im Arbeitsleben. Deshalb meine Bitte: Verteilen Sie Ihre Punkte nach Ihrer tatsächlichen Einstellung und nicht nach einem Wunschbild, das Sie von sich selbst aufgebaut haben.

6. Situation: Chef in Nöten

Der Gedanke, daß der sonst so souverän wirkende Chef einmal so richtig ins Schwimmen gerät, hat für manche von Ihnen sicher etwas Faszinierendes. „A bißl a Schadenfreud derf scho sei", sagt der Bayer. Was aber ist, wenn der Chef wirklich in Nöten ist?

Unterlagen sind verschwunden, die Geschäftspartner warten im Besprechungszimmer, der Chef ist in heller Aufregung.

Was machen Sie?

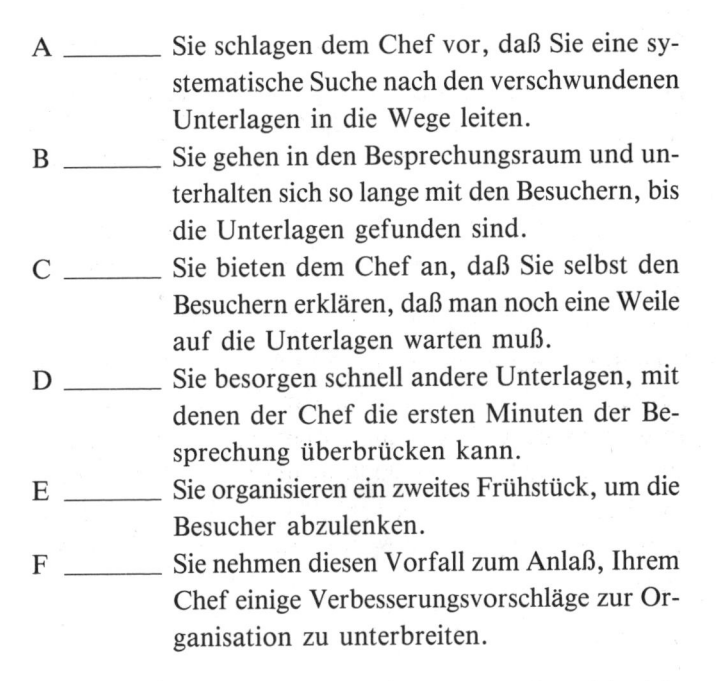

A _____ Sie schlagen dem Chef vor, daß Sie eine systematische Suche nach den verschwundenen Unterlagen in die Wege leiten.

B _____ Sie gehen in den Besprechungsraum und unterhalten sich so lange mit den Besuchern, bis die Unterlagen gefunden sind.

C _____ Sie bieten dem Chef an, daß Sie selbst den Besuchern erklären, daß man noch eine Weile auf die Unterlagen warten muß.

D _____ Sie besorgen schnell andere Unterlagen, mit denen der Chef die ersten Minuten der Besprechung überbrücken kann.

E _____ Sie organisieren ein zweites Frühstück, um die Besucher abzulenken.

F _____ Sie nehmen diesen Vorfall zum Anlaß, Ihrem Chef einige Verbesserungsvorschläge zur Organisation zu unterbreiten.

Da es sich um Ihre ganz persönliche Unterlage handelt, die Sie gerade bearbeiten, können Sie natürlich auch jederzeit Veränderungen vornehmen: ausstreichen, Punkte anders verteilen, Meinungen revidieren, usw.

7. Situation: Besucher-Betreuung

In jedem größeren Betrieb kann es vorkommen, daß man Ihnen die Betreuung der Besucher überträgt. Was würden Sie den Besuchern Ihres Unternehmens am liebsten bieten?

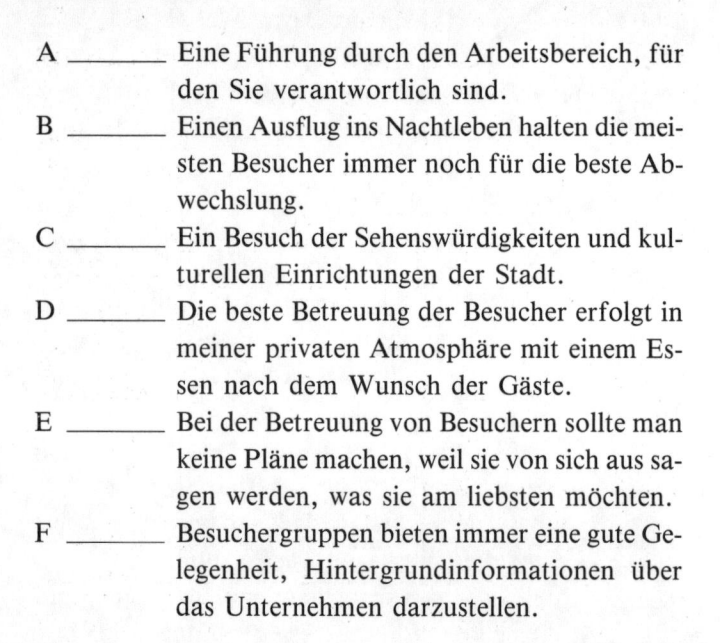

A _____ Eine Führung durch den Arbeitsbereich, für den Sie verantwortlich sind.

B _____ Einen Ausflug ins Nachtleben halten die meisten Besucher immer noch für die beste Abwechslung.

C _____ Ein Besuch der Sehenswürdigkeiten und kulturellen Einrichtungen der Stadt.

D _____ Die beste Betreuung der Besucher erfolgt in meiner privaten Atmosphäre mit einem Essen nach dem Wunsch der Gäste.

E _____ Bei der Betreuung von Besuchern sollte man keine Pläne machen, weil sie von sich aus sagen werden, was sie am liebsten möchten.

F _____ Besuchergruppen bieten immer eine gute Gelegenheit, Hintergrundinformationen über das Unternehmen darzustellen.

Ich denke, daß Sie jetzt keine Schwierigkeiten mehr haben, diese wichtige Unterlage zu bearbeiten — wenn doch, sollten Sie die Hinweise ganz am Anfang noch einmal lesen.

8. Situation: Wünsche

Wenn Sie Ihre gegenwärtige Einstellung zu Ihrem Vorgesetzten überprüfen — was würden Sie sich spontan für eine Verbesserung oder Stabilisierung des Verhältnisses wünschen?

A _____ Mein Chef sollte sich intensiver um die persönlichen Belange seiner Mitarbeiter, eingeschlossen meiner eigenen, kümmern.

B _____ Ich wünsche mir von meinem Chef, daß alle Kontakte zunehmend mehr auf der sachlichen Ebene stattfinden.

C _____ Mein Chef sollte mehr Initiative und mehr Risikobereitschaft entwickeln.

D _____ Ich wünsche mir von meinem Chef, daß er mir mehr Verantwortung und Handlungsfreiheit überträgt.

E _____ Mein Chef müßte mir mehr Freiraum geben, weil ich die Arbeiten, die ich übernommen habe, auch zuverlässig und korrekt ausführe.

F _____ Mein Chef sollte sich mit seiner menschlichen Seite nicht so sehr von seinen Mitarbeitern abkapseln.

Mehr als die Hälfte der Unterlage haben Sie jetzt bearbeitet – Zeit, eine Pause zu machen, damit Ihre Konzentration nicht nachläßt.

9. Situation: Karriereplanung

Das Streben nach einer höher bewerteten und auch höher dotierten Position ist natürlich, und hat überhaupt nichts mit Ellenbogentaktik oder Schleimerei zu tun. Nun ist es aber so, daß man in den meisten Fällen die Karriere über den Vorgesetzten machen muß.

Wie binden Sie Ihren Chef in Ihre Karriereplanung ein?

A _____ Mein Chef ist bei der Verwirklichung meiner beruflichen Ziele ziemlich unwichtig, weil Menschen ersetzbar sind.

B _____ Karriere kann man nur dann machen, wenn man sich des Wohlwollens und der persönlichen Sympathie des Chefs gewiß sein kann.

C _____ Um persönliche Ziele zu erreichen, muß man auch den persönlichen Kontakt zu den Vorgesetzten pflegen.

D _____ Ein Vorgesetzter ist immer ein Hindernis auf dem Karriereweg – man muß also nur versuchen, ihn auszuschalten.

E _____ Seinem Chef gegenüber muß man tagtäglich beweisen, daß man besser geeignet ist, dann ergibt sich die Karriere ganz von selbst.

F _____ Außer einer verantwortungsvollen und korrekten Arbeit gibt es keinen Garanten für die berufliche Karriere.

10. Situation: Arbeitswelt in den Medien

Eine von mir mitgestaltete Untersuchung über die Darstellung der Arbeitswelt in den Massenmedien in den 70er Jahren hatte ergeben, daß Realitäten aus der Arbeitspraxis in den Massenmedien kaum wiederzufinden sind. Wenn überhaupt – etwa im Fernsehen – so etwas wie Arbeit dargestellt wird, dann sieht das entweder so aus wie die schlimmste Maloche oder wie die Sorge einiger Wohlhabender um ihren Besitzstand. Die reale Arbeitswelt wird selten gezeigt.

Wenn sich die Massenmedien der Arbeitswelt annähmen – wie sollte das Ihrer Meinung nach geschehen?

A _____ Es müßte viel mehr über die persönlichen Konflikte und über die Einzelschicksale im Berufsleben berichtet werden.

B _____ Mich interessiert am meisten, wie es einzelne Persönlichkeiten geschafft haben, in ihrem Beruf erfolgreich zu werden.

C _____ Was mir bei der Berichterstattung über die Arbeitswelt fehlt, ist die präzise Schilderung von Arbeitsabläufen und betriebswirtschaftlichen Zusammenhängen.

D _____ Es müßten mehr Zukunftsmodelle entwickelt werden, um die Arbeitswelt im nächsten Jahrtausend jetzt schon aktiv gestalten zu können.

E _____ Es sollte viel häufiger geschildert werden, daß die Arbeit selbst und der Umgang mit den Kolleginnen und Kollegen auch Spaß machen kann.

F _____ Was in der Darstellung der Arbeitswelt in den Massenmedien fehlt, sind knallharte Zahlen, Daten und Fakten.

11. Situation: Respekt

Wie im Privatleben trifft man auch im Arbeitsumfeld auf Menschen, die man mag oder auch als absolut unsympathisch empfindet. Es gibt aber auch Vorgesetzte oder Mitarbeiter, die Verhaltensweisen an den Tag legen, die einem Respekt abverlangen.

Mal abgesehen von Sympathie und Antipathie – von welchen Personen sprechen Sie mit Respekt?

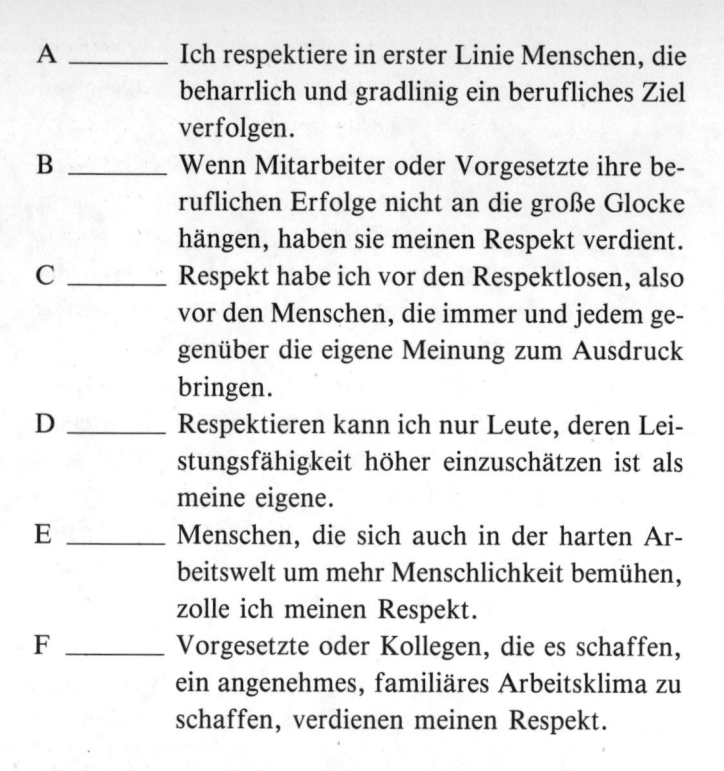

A _____ Ich respektiere in erster Linie Menschen, die beharrlich und gradlinig ein berufliches Ziel verfolgen.

B _____ Wenn Mitarbeiter oder Vorgesetzte ihre beruflichen Erfolge nicht an die große Glocke hängen, haben sie meinen Respekt verdient.

C _____ Respekt habe ich vor den Respektlosen, also vor den Menschen, die immer und jedem gegenüber die eigene Meinung zum Ausdruck bringen.

D _____ Respektieren kann ich nur Leute, deren Leistungsfähigkeit höher einzuschätzen ist als meine eigene.

E _____ Menschen, die sich auch in der harten Arbeitswelt um mehr Menschlichkeit bemühen, zolle ich meinen Respekt.

F _____ Vorgesetzte oder Kollegen, die es schaffen, ein angenehmes, familiäres Arbeitsklima zu schaffen, verdienen meinen Respekt.

12. Situation: Neuerungen

In jedem Unternehmen kommt es von Zeit zu Zeit zu organisatorischen oder technischen Neuerungen. Ob dafür personelle Veränderungen auf der Führungsebene, der Konkurrenzdruck oder veränderte Produktionsbedingungen verantwortlich gemacht werden müssen, sei dahingestellt.

Wie stehen Sie persönlich zu Neuerungen im Betrieb?

A _____ Neuerungen sind immer positiv zu bewerten, weil damit Chancen verbunden sind.

B _____ Neuerungen kann man in der Regel gelassen entgegensehen, weil sich meist sowieso nicht viel ändert.

C _____ Neuerungen interessieren mich dann nicht, wenn sie mich persönlich nicht betreffen.

D _____ Bei allen Neuerungen ist ein großes Maß an Skepsis angebracht.

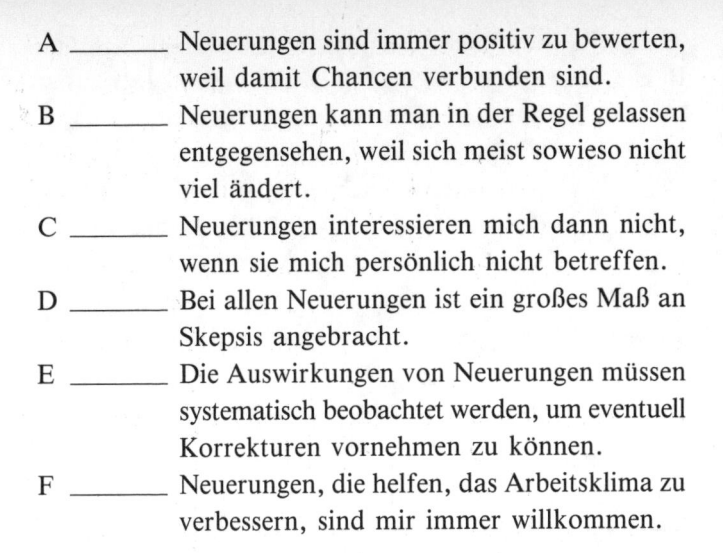

E _____ Die Auswirkungen von Neuerungen müssen systematisch beobachtet werden, um eventuell Korrekturen vornehmen zu können.

F _____ Neuerungen, die helfen, das Arbeitsklima zu verbessern, sind mir immer willkommen.

13. Situation: Konflikt

Seit Monaten rumort es in Ihrer Abteilung. Der Friede, auf den alle so stolz waren, ist hin, weil die ,,oberste Heeresführung'' beschlossen hat, die Arbeitszeiten zu verändern. Diejenigen, die morgens ihre Kinder nicht mehr in die Schule bringen können, sind neidisch auf die, die sich über ein morgendliches Tennismatch freuen. Die einen ärgern sich, daß sie am frühen Abend ihre Lieblingssendung im Fernsehen verpassen, die anderen sind sauer auf den neu eingeführten Zwischendienst, weil der den ganzen Tag kaputt macht. Mit anderen Worten: Jeder versucht, seine Interessen durchzusetzen – gegen den anderen.

Selbst wenn Sie ein Patentrezept zur Arbeitszeitregelung in der Tasche haben – wie würden Sie Konflikte zwischen Kolleginnen und Kollegen lösen?

A _____ durch Einzelgespräche mit den Betroffenen
B _____ durch die Sicherung der eigenen Interessen
C _____ durch das Herbeiführen eines Mehrheitsbeschlusses
D _____ durch Rücksprache mit der Geschäftsleitung
E _____ durch eine gemeinsame Aussprache
F _____ durch ein Machtwort des Vorgesetzten

14. Situation: Wortwahl

Nach einer arbeitsreichen – und auch erfolgreichen – Phase lädt der Chef zu einem kleinen Imbiss und zu einem Glas Sekt. Er bedankt sich bei allen Mitarbeitern und schließt seine kleine Ansprache mit den Worten: „Ganz besonders möchte ich mich bei Ihnen, Frau/Herr ... bedanken, denn ohne Ihr Engagement hätten wir unser gemeinsames Ziel nie erreicht. Ist doch richtig, oder?" Gemeint sind Sie!

Was sagen Sie in dieser Situation?

A _____ „Sie wissen doch, daß ich immer mein Bestes gebe."

B _____ „Ohne meine Kolleginnen und Kollegen wäre uns das nie gelungen."

C _____ „Hat mir richtig Spaß gemacht, mal ordentlich ranzuklotzen."

D _____ „Wenn man so viel Unterstützung erhält, kann ja nichts schiefgehen."

E _____ „Daß Sie dem Team danken, ist richtig – ich bin nur ein Mitglied des Teams."

F _____ „Ich freue mich, daß ich meine Arbeit für ein gemeinsames Ziel einsetzen konnte."

15. Situation: Arbeitswelt der Zukunft

Nichts ist so gut, daß es nicht noch verbessert werden könnte. Diese Aussage gilt auch für die individuelle Situation am Arbeitsplatz.

Um welche Bereiche würden Sie sich verstärkt kümmern, um sich die Freude am Arbeiten auch in der Zukunft zu erhalten?

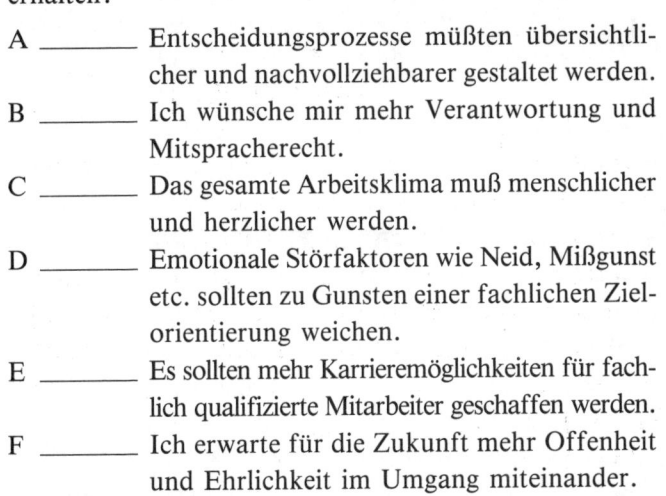

A _____ Entscheidungsprozesse müßten übersichtlicher und nachvollziehbarer gestaltet werden.

B _____ Ich wünsche mir mehr Verantwortung und Mitspracherecht.

C _____ Das gesamte Arbeitsklima muß menschlicher und herzlicher werden.

D _____ Emotionale Störfaktoren wie Neid, Mißgunst etc. sollten zu Gunsten einer fachlichen Zielorientierung weichen.

E _____ Es sollten mehr Karrieremöglichkeiten für fachlich qualifizierte Mitarbeiter geschaffen werden.

F _____ Ich erwarte für die Zukunft mehr Offenheit und Ehrlichkeit im Umgang miteinander.

Geschafft!

Mit der Bearbeitung dieser Unterlage haben Sie die Grundvoraussetzung dafür geschaffen, etwas mehr über sich selbst zu erfahren. Sie werden nach der Auswertung Ihre Stärken und Schwächen besser und realistischer einschätzen können – das ist wichtig für den Umgang mit Ihren Chefs. Wenn Sie dann auch noch Ihren Chef mit einer ausgeprägten Persönlichkeitskomponente erkennen, dann können Sie aktiv werden. Ein Grundsatz gilt immer:

Was immer Sie tun – es muß zu Ihrer Persönlichkeitsstruktur passen und darf der Ihres Vorgesetzten nicht zuwiderlaufen.

Kapitel 3:
Was kann ich von mir selbst erwarten?

Jetzt haben Sie lange genug in den Startlöchern ausgeharrt. Sie möchten verständlicherweise erfahren, was die Bearbeitung der Unterlage aus der beruflichen Praxis für Sie persönlich bedeutet – für Sie selbst und für Ihre Beziehung zu Ihren Chefs.

Für die Bewertung Ihrer persönlichen Ergebnisse benötigen wir lediglich noch ein wenig „Verwaltungsarbeit". Sie haben auf insgesamt 15 Situationen aus dem beruflichen Alltag und Fragen zu Ihrer Einstellung beschriebenen Sachverhalten gegenüber unterschiedliche Punktewerte verteilt. Die Art der Verteilung macht Sie zu einem unverwechselbaren Individuum. Ein mir bekannter Mathematiker hat für mich ausgerechnet, daß es fast 15 Milliarden Möglichkeiten gibt, die vorgegebene Punktzahl unterschiedlich zu vergeben. Das heißt, daß eine identische Punkteverteilung bei zwei verschiedenen Personen nur höchst unwahrscheinlich ist – und daß ich meine Bewertungsunterlage erst dann erweitern muß, wenn die Weltbevölkerung die 15-Milliarden-Grenze erreicht. Bis zu diesem Zeitpunkt sind also individuelle Ergebnisse gesichert.

Ihre Aufgabe besteht jetzt zunächst darin, die von Ihnen vergebenen Punkte in die Übersicht auf der nächsten Seite zu übertragen (wenn Sie das Instrument mehrfach verwenden wollen, machen Sie sich eine Kopie dieser Seite oder fertigen Sie sich selbst eine „Punkte-Sammelstelle" an).

Die kleingedruckten Buchstaben jeweils rechts unten in der Ecke eines Kästchens haben für Sie im Augenblick – jedenfalls für das Zusammentragen der vergebenen Punktwerte – keine Bedeutung.

Bei dieser Gelegenheit können Sie auch leicht überprüfen, ob Sie wirklich bei jeder Situation 6 Punkte verteilt haben – wenn nicht, müßten Sie sich die Unterlage noch einmal vornehmen.

Zusammenstellung der Ergebnisse

Situation	A	B	C	D	E	F
1	E	G	E	A	G	A
2	G	E	A	E	G	A
3	E	A	G	A	E	G
4	A	G	A	E	E	G
5	A	G	E	G	A	E
6	G	E	A	A	E	G
7	A	A	E	E	G	G

Situation	A	B	C	D	E	F
8	E	G	A	A	G	E
9	G	E	E	A	A	G
10	E	A	G	G	E	A
11	G	G	A	A	E	E
12	A	E	A	G	G	E
13	E	A	G	G	E	A
14	A	E	A	E	G	G
15	G	A	E	G	A	E

Zuordnung der Punktwerte

Jetzt kommen die vorgegebenen Buchstaben G, A und E ins ernste Spiel – Ihre Punktewerte müssen zugeordnet werden.

Stellen Sie also fest, wie viele Punkte Sie insgesamt auf Felder verteilt haben, die unten rechts ein G aufweisen –

in gleicher Weise verfahren Sie bitte bei den mit A und E gekennzeichneten Feldern.

Sammeln Sie hier die Einzelwerte,

G	A	E

und stellen Sie die Gesamtsummen fest.

Für den letzten Schritt der Berechnung gebe ich Ihnen ein Beispiel vor. Nehmen wir einmal an, die G-, A- und E-Werte sind so verteilt:

Gesamtsummen

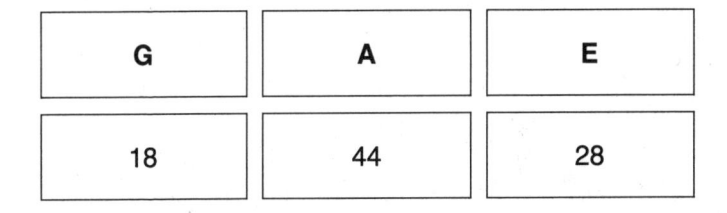

G	A	E
18	44	28

Das ist übrigens eine gute Gelegenheit festzustellen, ob Sie wirklich insgesamt 90 Punkte auf die 15 Situationen verteilt haben.

Der durchschnittliche Punktwert für G, A und E beträgt 30. Alle Abweichungen von diesem Wert sollten Sie unten so festhalten, wie in diesem Beispiel.

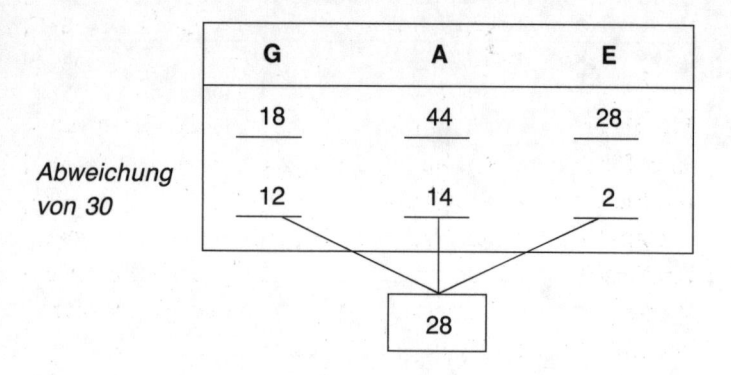

	G	A	E
	18	44	28
Abweichung von 30	12	14	2

Summe: 28

Dieser Wert ist von 90 (Gesamtpunktzahl) abzuziehen. Das ergibt den T-Wert in unserem Beispiel von

T = 90 − (minus) 28 =
T = 62

Den gleichen Vorgang bewältigen Sie jetzt bitte mit Ihren persönlichen Ergebnissen.

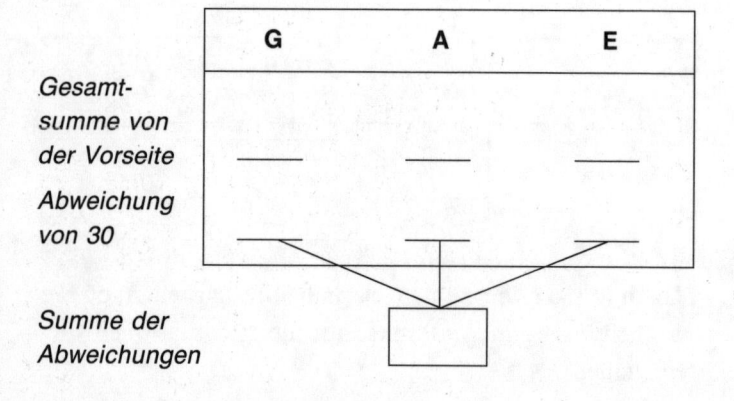

	G	A	E
Gesamtsumme von der Vorseite	___	___	___
Abweichung von 30	___	___	___

Summe der Abweichungen: ___

Dieser Wert ist von 90 (Gesamtpunktzahl) abzuziehen. Das ergibt Ihren T-Wert von

$$T = 90 - \underline{} =$$

Mit diesem Schritt haben wir die Basis für die Bewertung Ihrer Persönlichkeitskomponenten geschaffen. Jetzt erfahren Sie endlich etwas über sich selbst.

Damit ist das Persönlichkeits-Profil für Sie und unseren Beispiel-Kollegen fertig. Oben haben wir die Beispiel-Werte graphisch dargestellt — unten sollten Sie das gleiche mit Ihren persönlichen Ergebnissen tun.

Beispiel

	G	A	T	E
90				
80				
70			62	
60				
50		44		
40				
30				28
20	18			
10				
0				

Ihre persönlichen Werte

	G	A	T	E
90				
80				
70				
60				
50				
40				
30	—	—	—	—
20				
10				
0				

Sie haben gerade Ihr individuelles Persönlichkeitsprofil aufgezeichnet.

Sie stellen fest, daß die Bereiche G, A, T und E unterschiedlich ausgeprägt sind, wobei es durchaus einmal vorkommen kann, daß Sie in Ihrem Persönlichkeitsprofil auch einmal zwei identische Werte erarbeitet haben.

Seit es Menschen gibt, hat man sich die Frage gestellt, warum die Menschen unterschiedlich handeln, denken und fühlen. Da gab es Versuche über Merkmale des Körperbaus, über Ausprägungsgrade von Schriftmerkmalen, über genetisch bedingte Faktoren – und es gab auch den Versuch, unterschiedliche Persönlichkeitsstrukturen durch die individuelle Entwicklungsgeschichte zu erklären.

> *Beispiel*
>
> Im Haus Mozart freut man sich auf Nachwuchs. Die Eltern sind überglücklich und gehen noch heiterer und beschwingter ihrer Passion nach – dem Musizieren. Die harmonischen Wohlklänge, die sie dabei produzieren, übertragen sich bereits auf das ungeborene Lebewesen.
>
> Das geborene Lebewesen nimmt von Anfang an an den musikalischen Aktivitäten der Eltern teil, darf dann auch gerne mal auf den Schoß von Papi klettern, freut sich diebisch, daß weiße und schwarze Tasten Töne erzeugen.
>
> Papi ist hocherfreut über das Interesse seines Filius und lehrt ihn, Harmonien von Disharmonien zu unterscheiden. Der Kleine begreift das auch noch schnell. Papi und Mami freuen sich – Wolfgang Amadeus freut sich auch, daß seine Eltern sich freuen.

Alle seriösen und wissenschaftlich haltbaren Versuche, die unterschiedlichen menschlichen Persönlichkeitsstrukturen zu erklären, sind legitim. Meine Empfehlung geht sogar dahin, daß Sie alle seriösen Möglichkeiten nutzen sollten, das Bild von sich selbst zu vervollständigen und durch mehrere Zugänge zu komplettieren. Sie werden feststellen, daß Sie bei allen diesen Versuchen immer wieder auf die gleichen Grundstrukturen Ihrer Persönlichkeit stoßen – das ist eigentlich auch kein Wunder, wenn Einigkeit darüber besteht, daß die Persönlichkeitsentwicklung eines Menschen mit Ende der Pubertät (plus/minus 5 Jahre) abgeschlossen ist.

Der Gesetzgeber vergibt das Recht zu wählen, die Schule verteilt die Zeugnisse der Reife, der Staatsanwalt geht von einer vollen Schuldfähigkeit aus, usw.

Das hier zugrundegelegte Persönlichkeitsmodell geht davon aus, daß sich durch Lern- und Erfahrungsprozesse bei unterschiedlichen Individuen unterschiedliche Verhaltensmuster gebildet haben.

Unterschiedliche Verhaltensweisen sind Ausdruck unterschiedlicher Persönlichkeitsstrukturen!

Man muß sich also nur die Mühe machen, den Mitmenschen — dazu gehört auch Ihr Chef — bewußt zu beobachten, um festzustellen, wo seine Verhaltensschwerpunkte liegen. Wenn Sie wissen, wie er im Normalfall reagiert, welche Verhaltensweisen ihm unangenehm sind, wozu er überhaupt nicht in der Lage ist — dann wissen Sie auch eine Menge über seine Persönlichkeitsstruktur.

Mindestens genausoviel sollten Sie allerdings über sich selbst wissen.

Ihr Einstieg in die eigene Persönlichkeitsstruktur erfolgt über das G.A.T.E.-Persönlichkeitsmodell.

Den Begriff ,,GATE" können Sie ruhig wörtlich nehmen, englisch ,,gate" heißt soviel wie Tor, Tür, Eingang — also Zugang zu Ihrer Persönlichkeitsstruktur.

Die einzelnen Grundstrukturen einer kompletten, in sich geschlossenen Persönlichkeit werden durch die einzelnen Buchstaben beschrieben:

G – von englisch ,,ground"   = Grund, Boden, Basis
A – von englisch ,,action"   = Handlung, Tat, Wirkung
T – von englisch ,,traveller" = Reisender
E – von englisch ,,emotion"   = Gefühl, Emotion

Ich weiß, daß einige von Ihnen jetzt sagen werden: „Da kommt schon wieder so ein amerikanischer Mist auf uns zu wie Coke, Hamburger oder ‚Dallas'". Das G.A.T.E.-Persönlichkeitsmodell hat aber nun mal seinen Ursprung in den USA – hätte ich einen Forschungsaufenthalt in China bewilligt bekommen, würde das Modell wahrscheinlich Ping-Pnong-Pung heißen.

Wichtig ist, daß es keine Verständigungsschwierigkeiten gibt, wenn ich in diesem Buch von G-, A-, T- oder E-Typen spreche.

Der G-Typ hat eben andere Persönlichkeitsmerkmale als der A-Typ, und der T-Typ andere als der E-Typ.

Die einzelnen Typen beschreiben Verhaltensschwerpunkte, die je nach Ausprägungsgrad mehr oder weniger auf Sie zutreffen.

Stellen Sie fest, welche der vier Komponenten bei Ihnen selbst am stärksten ausgeprägt ist, und lesen Sie zunächst einmal diesen Abschnitt des Buches.

Der G-Anteil ist bei Ihnen am stärksten ausgeprägt:
S. 64
Der A-Anteil ist bei Ihnen am stärksten ausgeprägt:
S. 75
Der T-Anteil ist bei Ihnen am stärksten ausgeprägt:
S. 86
Der E-Anteil ist bei Ihnen am stärksten ausgeprägt:
S. 93

Erst später sollten Sie die Verhaltensbereiche kennenlernen, die auf Sie weniger zutreffen.

Kapitel 4:
Merkmale Ihres G-Anteils
Die Zukunft findet statt!

In Ihrer Persönlichkeitsstruktur weisen Sie überdurchschnittlich viele G-Anteile auf. Das ist weder gut noch schlecht − es ist eben so. Bei Ihnen haben sich Verhaltensbündel stabilisiert, die in dieser Ausprägung bei anderen Persönlichkeitstypen nicht vorkommen.

Die Bezeichnung ,,G-Typ" kommt nicht von ungefähr. Frei übersetzt bedeutet ,,ground" soviel wie ,,Grund" oder ,,Basis". Und so verhalten Sie sich auch: Bei allem, was Sie tun, müssen Sie gesicherten Boden unter den Füßen haben.

Bedürfnis nach Sicherheit

Ihr Bedürfnis nach Sicherheit drückt sich dadurch aus, daß Sie kaum in der Lage sind, Entscheidungen spontan und aus dem Gefühl heraus zu treffen. Sie brauchen überprüfbare Daten und Fakten, die Ihre Entscheidungen und Beschlüsse reifen lassen.

> *Beispiel*
>
> Während eines Betriebsfestes sagt Ihnen Ihr Chef – etwas jenseits der 1-Promille-Grenze –, daß er im Unternehmen noch Großes mit Ihnen vorhabe. Natürlich freuen Sie sich über eine solche Äußerung – zumal sie vor Zeugen getätigt wurde. Danach geht der nächste normale Arbeitstag normal über die Bühne, der über- und überübernächste auch, ohne daß Ihr Chef erkennen läßt, daß er sich stärker als sonst um Ihre Karriere bemüht.

In einem solchen Fall werden Sie die Aussage des Vorgesetzten dem Alkoholgenuß zuschreiben, und auch nicht weiter nachfragen, wie das denn nun so mit der Karriere ist.

Erst wenn Ihr Chef Fakten schafft – Ihnen andere Aufgaben überträgt, Sie zu Führungskräfte-Treffen einlädt, Weiterbildungsmöglichkeiten empfiehlt, usw. –, werden Sie sich langsam mit dem Gedanken vertraut machen, daß er es wohl ernst gemeint hat. Tut er das nicht, werden Sie die Aussage zu den Akten legen.

Ihr Bedürfnis nach Sicherheit findet auf der gedanklichen Ebene statt. Alles, was nicht gedanklich und intellektuell faßbar ist, ist Ihnen verdächtig. So können Sie auch nicht verstehen, daß Kolleginnen und Kollegen ihre Arbeit jeden Morgen mit einer umwerfenden Fröhlichkeit beginnen, obwohl doch überhaupt kein besonderer Grund vorliegt.

Verhaltensweisen anderer Menschen müssen für Sie nachvollziehbar sein – erst dann sind Sie sich ganz sicher, wie Sie sich diesen Menschen gegenüber verhalten sollen. Alle Menschen, deren Persönlichkeitsstruktur so ähnlich aussieht wie unten grafisch abgebildet, haben das gleiche Sicherheitsbedürfnis wie Sie. Je stärker die G-Komponente ausgeprägt ist, desto stärker sind die hier angesprochenen Verhaltensmuster wirksam.

	G	A	T	E
90				
80				
70				
60	55			
50			40	
40				25
30				
20		10		
10				
0				

Stellen Sie sicher, daß Ihr persönliches Verhaltensprofil so ähnlich aussieht, zumindest nach dem Kriterium, daß die G-Komponente stärker ausgeprägt ist als alle anderen – ansonsten müßte ich Sie zunächst auf die Beschreibung einer anderen Komponente verweisen.

Ein paar Fragen zur Kontrolle:
– Mögen Sie Chefs, die ihre Entscheidungen sachlich begründen können?
– Mögen Sie Chefs, die zukunftsorientiert denken und handeln?
– Mögen Sie Chefs, die sich nicht in Ihr Privatleben einmischen?

Ja? O.K. – dann lesen Sie und Ihre Verhaltensgenossen hier richtigerweise weiter. Sie haben nämlich einige Gemeinsamkeiten.

Eine Gemeinsamkeit der Menschen mit einer stark ausgeprägten G-Komponente ist das

Bedürfnis nach Distanz

Jedem G-Typen ist es ein Greuel, sich von wildfremden Menschen umarmen und abbusseln lassen zu müssen. Diese etwas umständliche Formulierung ist mit Bedacht gewählt, weil sich manche G-Typen in einem gesellschaftlichen Zwang befinden, wenn die körperliche Nähe „gefordert" ist.

Wer möchte schon bei einer privaten Party die obligatorischen Begrüßungsbussis ablehnen; wer könnte schon etwas dagegen haben, wenn der Chef seine Sekretärin freundschaftlich (!) in die Arme nimmt, wenn man sich gemeinsam über eine gute Arbeit freut.

Sie als G-Typ mögen das nicht. Bei allen körperlichen Berührungen, die Sie selbst nicht wollen, sträuben sich bei Ihnen die Nackenhaare. Das heißt natürlich nicht, daß Sie gefühllos sind, Sie brauchen nur etwas Zeit, um mit fremden Menschen warm werden zu können.

Beispiel

Sie finden Ihren neuen Chef sehr sympathisch. Dieser macht (aus seiner Persönlichkeitsstruktur resultierend) auch keinen Hehl daraus, daß auch er Sie sympathisch findet. Er denkt sich nichts dabei und lädt Sie zum Abendessen ein.

Die Nackenhaare der G-Typen funktionieren in solchen Fällen prompt. Sie lehnen ab – der Chef denkt, daß das mit der Sympathie wohl doch nicht so richtig gewesen sei, und bemüht sich nicht mehr um Sie. Sie denken: „Na ja – er hat's halt mal versucht – das mit der Sympathie war wohl doch nicht so echt."

G-Typen brauchen Zeit, um echte emotionale Bindungen aufzubauen. Das ist so eine Art Schutzmechanismus, um nicht von den Gefühlen anderer Leute überfahren zu werden. Den Zeitpunkt für den Aufbau einer menschlichen Beziehung bestimmen Sie selbst.

Ist eine menschliche Beziehung aus Ihrer Sicht gereift und hat sie sich stabilisiert, dann ist es schwer, Sie von einer positiven Meinung diesen Menschen gegenüber abzubringen. Sie sind dann sehr nachsichtig und schreiben auftretende Ungereimtheiten eher den Umständen als den Menschen selbst zu. Ihr Bedürfnis nach Distanz drückt sich nicht nur in Ihrer Sprache und Ihrer Einstellung zu Ihren Mitmenschen aus – man kann sie sogar in Zentimetern messen.

Nichts ist Ihnen unangenehmer als „distanzlose" Menschen, die Ihnen „nahe auf die Pelle" rücken, die Ihnen also aus fünf Zentimeter Entfernung den Fisch vom Vortag oder die gerade genossene Knoblauchzehe ins Gesicht hauchen. Unmotivierte Umarmungen sind Ihnen genauso zuwider wie angeordnete Schunkel- und Frohsinnsphasen.

Zukunftsorientiertes Denken und Handeln

In Ihrer Arbeitsumgebung gelten Sie als besonnen und abwägend. Sie sind nicht der Typ, der bei einer Ungerechtigkeit die Kolleginnen und Kollegen mit flammenden Worten auf die Barrikaden treibt – Sie sind eher derjenige, der ausgleichend und beschwichtigend wirkt, weil die Konsequenzen für die Zukunft auch bedacht werden müssen. Wenn Sie aber einmal von einer Sache überzeugt sind, kann man Sie jedoch auch nicht so leicht davon abbringen, sie weiterzuverfolgen.

> *Beispiel*
>
> Ein Kollege von Ihnen ist in den Verdacht geraten, die Spesenabrechnung zu seinen Gunsten manipuliert zu haben. Wochenlang tauchten immer wildere Gerüchte auf, welche unterschiedlichsten Orgien der Kollege mit den Firmengeldern im Ausland veranstaltet haben soll.
>
> Dann passiert, was in solchen Fällen wohl unvermeidlich ist: Man hat es ja eigentlich schon immer gewußt: Der hat sich ja gewissermaßen um die Jobs im Ausland gerissen, konnte es wohl bei seiner Familie zu Hause nicht mehr aushalten, und wenn er dann wieder da war – ja, wie sah der denn wieder aus?

Durch solche Ereignisse sind Sie von Ihrer positiven Einstellung zu Ihrem Kollegen nicht abzubringen. Sie sind statt dessen davon überzeugt, daß es sich um Geschwätz handelt. Eine Einstellung oder eine Meinung, die sich bei Ihnen über Jahre gebildet hat, kann man Ihnen nicht mit einem einzigen Ereignis nehmen.

Die Mitarbeiter mit stark ausgeprägten G-Komponenten in der Persönlichkeitsstruktur werden die letzten sein, die sich an der Schmutzkampagne gegenüber dem Kollegen beteiligen würden. Viel zu viele Überlegungen würden Sie daran hindern, in den Chor der Sprücheklopfer einzustimmen:

Wie kann man mit dem Kollegen in Zukunft umgehen, wenn sich die Verdächtigungen als haltlos erweisen? – Mit welchen Fakten und Daten können die Verdächtigungen untermauert werden? G-Typen mögen keine vorschnellen und voreiligen Schlüsse, eher ist es manchmal so, daß sie durch Abwägen und auch Abwarten als unentschlossen und wenig entscheidungsfreudig gelten.

Ihr Denken und Handeln ist auf die Zukunft ausgerichtet, weil Sie nicht gerne durch Situationen überrascht werden, die Sie nicht vorausgesehen haben. So kann es Ihnen passieren, daß ein Chef (mit einer anderen Persönlichkeitsstruktur) aus heiterem Himmel Ihre Arbeit kritisiert, und Sie im Augenblick überhaupt nicht wissen, wie Sie darauf reagieren sollen.

Wissen Sie dagegen im voraus von einem Kritikgespräch, das auch Ihnen gelten soll, werden Sie alles tun, um wohlvorbereitet in ein solches Gespräch zu gehen.

Eine Tätigkeit, die geprägt ist von täglichen, schnellen Erfolgen werden Sie nicht lange ausüben — Ihnen sind Arbeitsbereiche lieber, in denen Sie langsam und konsequent an Ihrem Erfolg arbeiten können.

Handelsvertreter etwa haben in der Regel eine schwach ausgeprägte G-Komponente in ihrer Persönlichkeitsstruktur. Im Verwaltungsbereich, bei Tätigkeiten mit wissenschaftlichem Anspruch, im Organisationsbereich sind jedoch Persönlichkeiten mit einer stark ausgeprägten G-Komponente gefragt.

Ich hatte Ihnen versprochen, mich mehrmals in diesem Buch zu wiederholen:

Unterschiedliche Persönlichkeitsstrukturen sind nicht auf der Schiene ,,schlecht — gut'' zu bewerten — sie sind einfach da. Jeder kann — mit welcher stark ausgeprägten Komponente auch immer — in jedem Beruf Erfolg haben. Die Art und Weise, wie der Erfolg gesichert wird, ist jedoch höchst unterschiedlich.

Die Arbeitsweise des G-Typen

Sie sind es gewohnt, präzise und zuverlässig zu arbeiten. Nachlässigkeiten bei den Ihnen übertragenen Aufgaben sind Ihnen ein Greuel, weil Sie wissen, daß sich dadurch Fehler im Gesamtablauf ergeben.

Sie wollen nicht jeden Tag für das, was Sie geleistet haben, gelobt werden – es reicht Ihnen völlig, wenn Sie Ihren Verantwortungsbereich voll im Griff haben. Spricht Sie der Chef einmal auf herausragende Leistungen an, werden Sie die Sache eher herunterspielen. Typische Äußerung: ,,Ist doch selbstverständlich – dafür werde ich ja bezahlt.''

Die Kommunikation mit Kollegen und Vorgesetzten gestaltet sich für den G-Typen mitunter schwierig, weil viele Menschen mit einer stark ausgeprägten G-Komponente in ihrem sprachlichen Verhalten einen Hang zur Ironie oder sogar zum Sarkasmus haben.

Beispiel

In meinen frühen Berufsjahren hatte es für mich einen fast sportlichen Reiz, unmöglich erscheinende Aufgaben in kürzester Zeit zu bewältigen. So hatte ich mich darauf eingelassen, eine Seminarkonzeption abzuliefern, von der noch nicht einmal ein Konzept vorhanden war. Zwei meiner Mitarbeiter waren mit von der Partie. Die ganze Nacht vor dem Abgabetermin wurde gedacht, geschrieben, verworfen, umformuliert, gestritten, Einigung erzielt usw. Im Morgengrauen stand das Konzept, das heißt, es lag zur Reinschrift fertig auf dem Tisch

> der Sekretärin. Meine Mitarbeiter und ich standen – ebenfalls fertig – an unseren Autos und wollten nach Hause. Die Müllabfuhr verzögerte einige Minuten den Start ins unbenutzte Bett. Grummelte mein Kollege: ,,Was wollen die denn schon so früh?" Mein G-typischer Kommentar: ,,Die holen den Mist ab, den wir letzte Nacht produziert haben!"

Es hat ziemlich lange gedauert, meine Kollegen davon zu überzeugen, daß meine Bemerkung nur ironisch gemeint war, und daß sie mit der Qualität der geleisteten Arbeit überhaupt nichts zu tun hatte.

Als G-Typ laufen Sie ständig Gefahr, mit ironischen oder sarkastischen Bemerkungen bei Ihren Mitmenschen auf Unverständnis zu stoßen. Das gleiche gilt für Ihre Tendenz, komplizierte Sachverhalte auch in komplizierte sprachliche Formulierungen zu kleiden.

In Konfliktfällen sind Sie als G-Typ meist der ruhende Pol, weil Sie genau wissen, daß Emotionen oder sogar Wutausbrüche die Lage nur verschlimmern können. Sie sind es gewohnt, Sachverhalte erst einmal zu analysieren, bevor Sie selbst in die Konfliktbewältigung eingreifen. Wer schreit, hat aus Ihrer Sicht nicht von vornherein recht.

Ihre Tendenz, ausgleichend und versachlichend zu wirken, birgt allerdings auch die Gefahr in sich, daß andere Beteiligte Sie als jemanden sehen, der unentschlossen ist und nicht eindeutig genug Stellung bezieht. Hinzu kommt, daß für manche Menschen Emotionslosigkeit und Souveränität den Beigeschmack der Überheblichkeit und der Arroganz haben können.

Wie Sie mit Ihren Schwächen, die in Ihrer Persönlichkeitsstruktur liegen, in Zukunft besser umgehen können, erfahren Sie zu einem späteren Zeitpunkt.

Hinweis

Es ist unmöglich, eine komplexe Persönlichkeitsstruktur auf ein paar Buchseiten beschreiben zu wollen. Wer diesen Anspruch erhebt, muß sich den Vorwurf der Unseriösität und der Scharlatanerie gefallen lassen.

Was ich mit der Beschreibung der G-Komponente in Ihrer Persönlichkeitsstruktur erreichen will, ist lediglich, daß Sie erkennen, wie unterschiedlich Schwerpunkte einer Persönlichkeit zusammengesetzt sein können.

Wenn ich also weiter unten eine Zusammenfassung wichtiger Elemente der G-Komponente wage, gehen Sie bitte davon aus, daß nicht alle Beschreibungen auf Sie als G-Typen zutreffen müssen. Auch ist es so, daß alle Merkmale in unterschiedlichsten Ausprägungsgraden vorhanden sein können.

Merkmale einer Persönlichkeitsstruktur mit stark ausgeprägter G-Komponente

- Bedürfnis nach Sicherheit, sowohl im beruflichen als auch im privaten Bereich;
- zukunftsorientiertes Denken und Handeln bestimmen Ihre Berufs- und Lebensplanung;
- Ihre Handlungsweise wird mehr vom Verstand als von den Gefühlen gesteuert;
- Gefühlsäußerungen fallen Ihnen schwerer als anderen Menschen;

- neuen Kontakten begegnen Sie zunächst einmal mit Zurückhaltung und Distanz;
- Tendenz zu genauen und manchmal komplizierten verbalen Formulierungen;
- Neigung zu ironischen – für andere manchmal unverständlichen – Äußerungen;
- Entscheidungsfindung nach überprüfbaren Daten und Fakten.

Wenn Sie sich mit dieser Beschreibung Ihres G-Anteils an einem kleinen Spiel beteiligen wollen, dann sollten Sie zwischendurch einmal die Seite 102 aufschlagen.

Ansonsten haben Sie zwei Möglichkeiten:

1. Sie lesen jetzt einfach weiter und stellen fest, inwieweit Sie sich in der Beschreibung der anderen Persönlichkeitskomponenten wiederfinden.
2. Sie sehen sich noch einmal Ihr Persönlichkeitsprofil von Seite 66 an und beschäftigen sich zunächst mit der Persönlichkeitskomponente, die bei Ihnen am schwächsten ausgeprägt ist.

Um die Unterschiedlichkeit der Komponenten deutlich werden zu lassen, empfehle ich die letztgenannte Vorgehensweise.

Kapitel 5:
Merkmale Ihres A-Anteils
Die Gegenwart fordert!

Wollen Sie sich als A-Typen bezeichnen, müßte Ihr Persönlichkeitsprofil in etwa so aussehen.

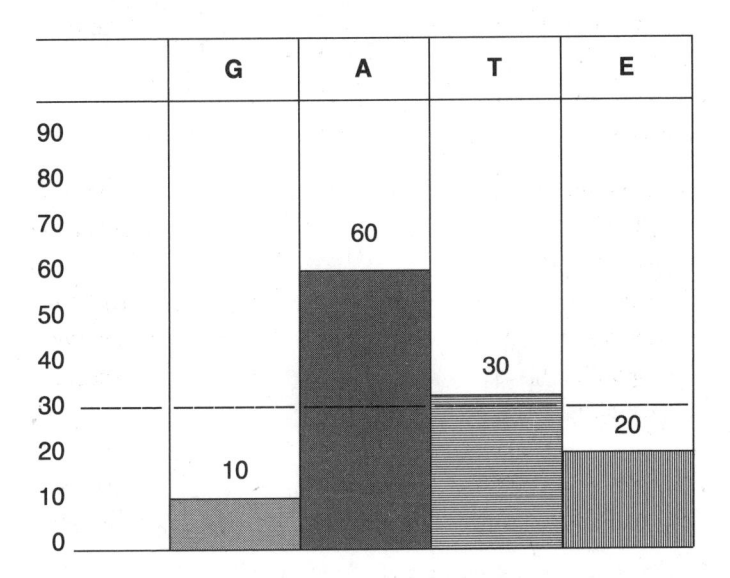

	G	A	T	E
90				
80				
70		60		
60				
50				
40			30	
30				
20				20
10	10			
0				

Im G.A.T.E.-Persönlichkeitsmodell steht die Komponente „A" für „action", was aus dem Englischen frei übersetzt soviel heißt wie „Handlung", „Aktion."

Gegenwartsorientiertes Denken und Handeln

Menschen mit einer stark ausgeprägten A-Komponente in ihrer Persönlichkeitsstruktur zeichnen sich dadurch aus, daß sie in der Lage sind, auf alle Erfordernisse des Augenblicks instinktiv richtig zu reagieren.

Sie können eher als andere Menschen in Sekundenschnelle das Wesentliche vom Unwesentlichen trennen und Entscheidungen treffen, für die andere eine längere Bedenkzeit benötigt hätten. Das heißt natürlich nicht, daß alle Entscheidungen des A-Typen immer richtig sind – es wird damit lediglich die Fähigkeit angesprochen, schnell und klar zu reagieren.

Beispiel

Ausbildungsvideos, für die man keine professionellen Darsteller braucht, machen von der Besetzung der Rollen her immer Schwierigkeiten.

Die Rolle A kann Frau X. nicht übernehmen, weil sie in der Rolle Y als Verkäuferin gebraucht wird. Die Frau K. kann zwar am ersten Drehtag eingesetzt werden, ist aber dann in Urlaub. Herr M. ist zwar als Prokurist geeignet, kann aber später nicht den Einkäufer spielen usw.

Bei 30 Personen, 45 unterschiedlichen Rollen und 5 verschiedenen Drehtagen an 3 verschiedenen Orten kann man sich vorstellen, daß eine solche Besetzungskonferenz leicht zwei Stunden in Anspruch nimmt.

So war's dann auch. Erleichtert sagte einer der Beteiligten: ,,So, jetzt ist der Knoten gelöst – die Frau Lehmann übernimmt den Part der Filial-Leiterin!" Alles jubelt – nur der Auftraggeber nicht: ,,Geht nicht – an dem Tag muß Frau Lehmann arbeiten."

Eine kurze, präzise Aussage, die das schöne Besetzungsgebäude sofort zum Einstürzen brachte. Man stelle sich das vor: Ganz am Anfang hatte meine Frau gesagt, daß sie an bestimmten Tagen nicht zur Verfügung stehen kann. Jetzt – zwei Stunden später – die für den Augenblick richtige Reaktion des Auftraggebers: ,,Geht nicht! – "

Diese Episode wird mir immer als typisches Beispiel für gegenwartsbezogenes Denken und Handeln in Erinnerung bleiben. Es ist fast müßig hinzuzufügen, daß mein damaliger Auftraggeber eine Persönlichkeit mit stark ausgeprägter A-Komponente war – und auch noch ist.

Dieses Beispiel zeigt auch, daß es sich beim A-Typ nicht um die Menschen handelt, die einen ziellosen Aktivismus an den Tag legen, sondern ihre Fähigkeiten einsetzen, um den täglich auftauchenden Arbeitsanforderungen gerecht zu werden.

Für einen A-Typen gibt es kaum eine Situation, in der er sich hilflos vorkommt. Übrigens: ,,der" A-Typ kann auch durchaus weiblich sein. Immer mehr Frauen bedienen sich ihrer A-Komponente, um den gewünschten Erfolg im Berufsleben zu sichern. Insgesamt muß ich sagen, daß die Ausprägungsgrade der Persönlichkeitskomponenten geschlechtsunabhängig sind. Einige wenige Merkmale sind jedoch aus der langen Entwicklung – gerade in der Arbeitswelt – noch geschlechtsspezifisch zu bewerten. Dazu später einiges mehr. Für den Augenblick bitte ich um die Erlaubnis, weiterhin von diesem oder jenem Typen sprechen zu dürfen, A-Typ/A-Typin hört sich auf Dauer ziemlich umständlich an.

Also: Der A-Typ fühlt sich in der Gegenwart wohl und wird Unerwartetes nicht als Bedrohung, sondern eher als

Herausforderung betrachten. Mitunter ist er sogar bereit, selbst dafür zu sorgen, überraschende Wendungen aktiv herbeizuführen.

Spontaneität und Impulsivität

Werden Sie als A-Typ von Kolleginnen/Kollegen oder Vorgesetzten beurteilt, werden mit aller Wahrscheinlichkeit die Persönlichkeitsmerkmale der Spontaneität und des impulsiven Verhaltens genannt werden. Diese äußerlich beobachtbaren Verhaltensweisen sind Ausdruck Ihrer zentralen Persönlichkeitsmerkmale der Durchsetzungsbereitschaft, Entscheidungsfreudigkeit und Risikobereitschaft. Spontaneität hat immer Wirkungen – sei es im negativen oder positiven Bereich – Impulsivität bezeichnet den Inhaber dieser Eigenschaft als Impuls-Geber.

Die ,,Macher" der Berufswelt sind die A-Typen. Aus diesem Grund sind auch viele A-Typen in Tätigkeitsbereichen heimisch, die sofort überprüfbare Erfolge versprechen. Kaum ein A-Typ wird sich längere Zeit mit einer Tätigkeit einverstanden erklären, die ihm irgendwann nach einem erfüllten Arbeitsleben den Nobelpreis verheißt.

Sie gehen von der Voraussetzung aus, daß alles, was man im Berufsleben an Aktivitäten an den Tag legt, auch Wirkungen zeigen muß. Die Motive Ihrer Verhaltensweisen sind dabei sicherlich in der Regel ehrenwert, weil Sie nicht so dumm sind, Ihre eigene Machtposition im Unternehmen durch irreale oder emotional bedingte Verhaltensweisen aufs Spiel zu setzen.

Die Überzeugung von der Richtigkeit Ihrer Zielsetzung veranlaßt Sie manchmal zu Maßnahmen, die Kolleginnen und Kollegen mitunter als voreilig oder herzlos bezeichnen.

Impulsivität ist aus Ihrer Sicht eben eine Begabung, die man zum Wohle des Unternehmens einsetzen muß, auch wenn man dabei einigen Beteiligten „auf den Schlips treten" muß. Ob die Zielscheibe Ihrer spontanen und impulsiven Äußerungen ein Chef, ein Oberchef oder ein Kollege ist, hat für Sie keine Bedeutung.

Arbeitsweise des A-Typen

Mitarbeiter mit einer starken A-Komponente in ihrer Persönlichkeitsstruktur sind bei ihren Chefs nicht immer beliebt. Diese wollen zuviel Neues – und das auch oft noch sofort.

A-Typen sind „Störfaktoren" in Betrieben und Unternehmen, die Wert darauf legen, nach den volkswirtschaftlichen Erkenntnissen der Jahrhundertwende zu arbeiten. Kritikpunkte der A-Typen orientieren sich nicht so sehr an den übergeordneten Strategien, sondern an den kleinen Ärgernissen des beruflichen Alltags. Wenn man nicht nachvollziehen kann, wo eine bestimmte Bestellung abgeblieben ist, Überstunden wegen einer falschen Chef-Entscheidung machen muß, man nicht weiterarbeiten kann, weil irgendeiner geschlampt hat – dann kocht die A-Seele.

A-Typen setzen auch immer mindestens die Arbeitsintensität bei anderen Mitarbeitern voraus, die man sich selbst abverlangt. Ist dies nicht der Fall, neigt der A-Typ dazu, ungerechtfertigterweise die Rolle des Chefs zu übernehmen.

> *Beispiel*
>
> Wenn Unternehmen nach neuen, geeigneten Mitarbeitern suchen, werden entweder persönliche Bewerbungsgespräche vereinbart, oder aber man lädt alle Bewerber der engeren Wahl zu einer Informationsveranstaltung. Die Durchführung solcher ,,Massenveranstaltungen", über die man geteilter Meinung sein kann, wurde mitunter auch mir als Personalberater übertragen.
>
> Interessant waren dabei für mich immer die Minuten, in denen die Bewerber eintrafen, – bis zu dem Zeitpunkt, zu dem die Veranstaltung starten sollte. Es ist faszinierend zu beobachten, wie sich die unterschiedlichsten Persönlichkeitsstrukturen in einer solchen – immerhin einigermaßen streßbeladenen – Situation entsprechend ihrer am stärksten ausgeprägten Persönlichkeitskomponente benehmen:
>
> Die einen blättern scheinbar gelangweilt in ihren Unterlagen, die anderen suchen fast zwanghaft das Gespräch mit den Mitbewerbern – die A-Typen meinen, etwas organisieren zu müssen. Der zusätzliche Kaffee wird natürlich von einem A-Typen geordert, daß man unbedingt um 13 Uhr eine Mittagspause einlegen muß, daß man sich bei der Gehaltsdiskussion ja nicht übers Ohr hauen lassen soll – alles Initiativen von A-Typen in der jeweiligen Gruppe.

Die Gegenwart ist die Domäne der Persönlichkeitsstrukturen mit einer stark ausgeprägten A-Komponente. Intuitiv gesteuerte Verhaltensweisen geben dem A-Typen meist die Sicherheit, Verhaltensweisen an den Tag zu legen, die so falsch nicht sein können – weil sie ja Erfolg bringen.

Zielstrebigkeit

Ihre Zielstrebigkeit ist nicht auf eine langfristige Strategie aufgebaut. Sie überprüfen exakt, ob das, was Sie gerade tun, nützlich ist oder nicht. Wenn nicht, werden Sie Ihre Taktik – nicht Ihre Strategie – ändern.

Wenn ich das richtig in Erinnerung habe, besteht die Strategie aus der Summe der zielgerichteten Taktiken – und genauso behaupten sich die A-Typen im Berufsleben. Taktiken haben bei Ihnen keine Chance, wenn sie nicht unmittelbar zum Erfolg führen; Strategien sind dann „zum Abschuß freigegeben", wenn die taktischen Manöver ein Ziel als utopisch erscheinen lassen.

Das heißt nicht, daß Sie keine Ziele haben – es sind die eigenen, die Sie nach kurzer Beurteilung der Lage als sinnvoll und allgemeingültig erachten. Die pseudomilitärische Sprache, die hier ab und zu die Oberhand gewinnt, hat nichts mit einer bestimmten Einstellung zu den Herren im oliv-grünen Anzug zu tun – eher mit der Entschiedenheit, Ziele verwirklichen zu wollen.

Anti-Beispiele

Kein A-Typ wird sich mit solchen Formulierungen wohl fühlen:

- „Im Prinzip könnte man sich mit einer ähnlichen Äußerung einverstanden erklären lassen."
- „Es gibt keinen Grund, nicht annehmen zu wollen, daß Äußerungen dieser Art keine Wirkungen haben könnten."
- „Wenn man wollte, könnte man davon ausgehen, daß der Chef die Tendenz zur Entschlußlosigkeit hat."

Das ist nicht die Wortwahl des A-Typen – da hört sich der Originalton schon eher so an:

„Das sehe ich so!", „Das wird Konsequenzen haben!", „Der Chef irrt!".

Die Zielstrebigkeit des A-Typen findet seinen Ausdruck auch in der Sprache, die er seinen Kolleginnen/Kollegen und Vorgesetzten gegenüber pflegt.

Sie werden selbst die Erfahrung gemacht haben, daß Ihre Äußerungen nicht immer auf volles Verständnis stoßen. Sie wollen den Punkt treffen – und treffen ihn bei manchen Menschen zu genau. Diplomatisches Handeln ist nicht gerade Ihre Stärke.

Reaktionsschnelligkeit und Improvisationsgabe

Ihre Fähigkeit, wichtige Details einer Situation oder eines Gesprächs zielsicher zu erkennen, versetzt Sie mehr als andere Persönlichkeits-Typen in die Lage, sich auf verändernde Gegebenheiten einzustellen. Wenn es darum geht, verfahrene Situationen schnellstmöglich zu bereinigen, ist Ihr „Typ" gefragt. Reaktionsschnelligkeit und Improvisationsgabe entsprechen Ihrem Naturell und machen Ihnen außerdem auch noch Spaß.

Beispiel

Eine meiner Tätigkeiten während der Schulzeit kam der Deutschen Bundespost zugute. Kurz vor Weihnachten wurden Schüler gesucht, die mithelfen sollten, die meist überflüssigen Karten und Schmuse-Briefe zu den mehr oder weniger geliebten Angehörigen zu schaffen. Meine Aufgabe bestand darin, den Buchstaben A zu bewältigen. Das bedeutete damals in meinem Wohnort:

> „Aachenerstr.", „Achenbachstr.", „Ahnfeldstr.", usw. — die Reihenfolge kenne ich heute noch.
>
> Dann gab es auch noch Leute, die „krumme" Buchstaben zu sortieren hatten. Die „krummen" waren die Straßennamen mit Z, Q oder auch P (sehr selten in dieser Stadt!).
>
> Es gab tatsächlich einen „Schüler-Kollegen" unter uns, der die Engpässe dadurch beseitigte, daß er die Eingangsbriefträger dazu bewegte, die A-Post bei Z abzuliefern, die Q-Post kam je nach Anfall zu P . . . ein totales Chaos, aber die Sache funktionierte, bis mein Schulfreund nicht mehr geduldet wurde, weil er objektiv gesehen den geregelten Betriebsablauf der Post behindert hatte. Alle hatten Vorteile, alles hat geklappt — aber wahrscheinlich haben wir damals den übergreifenden Sinn einer staatlichen Behörde nicht so richtig begriffen.

Inzwischen haben mein Freund und ich den Sinn begriffen — Improvisationsgabe und schnelles Beurteilen von Situationen sind nicht immer auch im Sinne eines Arbeitgebers.

Sie als A-Typ haben alle Möglichkeiten, Erfolge in Ihrem beruflichen Umfeld und auch in der Beziehung zu Ihren Vorgesetzten schnell und ohne Umschweife zu erreichen.

Die unten aufgeführten Vorteile, die in Ihrer Persönlichkeitsstruktur liegen, helfen Ihnen dabei — können aber auch dazu führen, daß Sie bei Ihren Chefs auf Unverständnis stoßen. Das soll Sie aber nicht weiter irritieren, weil gerade Sie in der Lage sind, Problemlösungen in Konfliktfällen herbeizuführen.

Hinweis

Wenn ich Ihnen aus der Erfahrung heraus mehr Spontaneität, Improvisationsgabe und Reaktionsschnelligkeit als anderen Persönlichkeitsstrukturen zugebilligt habe, dann heißt das nicht, daß Sie nicht auch nachdenklich, planend und zurückhaltend sein können. Ihre Persönlichkeitsstruktur neigt eben dazu, daß Sie Anforderungen des beruflichen Lebens auf die Ihnen eigene Art bewältigen, das heißt in Ihrem Falle, daß Sie es gewohnt sind, Probleme sofort anzugehen, und daß Sie auch in der Lage sind, die verantwortlichen Personen für Probleme direkt anzusprechen. Diese Verhaltensweisen treten bei einem A-Typen eben häufiger auf als bei anderen Persönlichkeitsstrukturen. Es ist auch nicht so, daß alle Beschreibungen 100prozentig zutreffen müssen. Die Zusammenfassung dürfte Sie aber im großen und ganzen „treffen".

Merkmale einer Persönlichkeitsstruktur mit stark ausgeprägter A-Komponente

- Handeln im Hier und Jetzt;
- Erkennen von Situationen und situationsgerechte Reaktionen;
- zentrale Eigenschaften: Spontaneität, Impulsivität und Kreativität;
- natürliches Dominanzstreben;
- schnelle Reaktionsfähigkeit;
- gutes Gedächtnis für Einzelheiten;
- Fähigkeit zur Improvisation;
- Tendenz, berufliche Erfordernisse selbst in die Hand zu nehmen;
- Selbstbewußtsein und Selbstsicherheit.

Dieses Verhaltensbündel hat natürlich im Berufsleben nicht nur Vorteile, sondern kann sich auch zum Nachteil auswirken – darüber erfahren Sie später mehr.

Wenn Sie sich an einem Spiel beteiligen wollen, sollten Sie auf der Seite 102 festhalten, zu wieviel Prozent Sie sich in der Beschreibung des A-Typen wiedergefunden haben. Sie haben dann die Möglichkeit festzustellen, inwieweit Ihre Selbsteinschätzung mit den ,,Test"-Ergebnissen übereinstimmt.

Ich mache Ihnen einen Vorschlag in A-typischer Weise: Entweder Sie belassen es bei Ihrer Freude, daß Sie ein A-Typ sind, oder Sie kümmern sich auch um die Menschen, die eine andere Schwerpunktkomponente in ihrem Persönlichkeitsbild haben.

Letzteres ist sinnvoll – oder?

Sie merken schon – auch ich kann mich manchmal wie ein A-Typ verhalten.

Kapitel 6:
Merkmale Ihres T-Anteils
Der Vielfalt eine Chance!

Wenn Sie sich als T-Typen bezeichnen wollen, müßte Ihr Persönlichkeitsprofil in etwa so aussehen:

	G	A	T	E
	25	25	70	40

T bedeutet in unserem Persönlichkeitsmodell soviel wie „Wanderer", „Reisender" – aus dem Englischen für „traveller".

Mit einem stark ausgeprägten T-Anteil in Ihrer Persönlichkeitsstruktur haben Sie den großen Vorteil, alle anderen Persönlichkeitskomponenten in einem relativ ausgewogenen Maße in sich vereinigt zu finden.

Das heißt: Sie sind in der Lage, je nach Situation oder nach persönlicher Verfassung aus allen drei anderen Persönlichkeitskomponenten heraus gleichermaßen effektiv zu agieren und zu reagieren. Wenn man es salopp ausdrückt:

Wer immer Ihnen als Chef vor die Nase gesetzt wird – Sie haben die besten Chancen, mit allen anderen Persönlichkeitsstrukturen am besten zurechtzukommen.

Das heißt nicht, daß Sie sich über Gebühr Ihrem jeweiligen Vorgesetzten anpassen – es heißt auch nicht, daß Sie ,,Everybody's Darling'' sind. Die T-Komponente bedeutet schlicht und einfach, daß keine andere Persönlichkeitskomponente bei Ihnen so überwiegt, daß Sie in Ihren Handlungsmöglichkeiten eingeschränkt wären.

Ein G-Typ ist eben nicht fähig, Entscheidungen von weitreichender Bedeutung innerhalb von Sekunden zu treffen, ein A-Typ flippt ab und zu aus, wenn er gereizt wird, ein E-Typ kann keine Gefühle heucheln. Das klingt jetzt böse, aber es ist so: Das alles können Sie!

Kein Mensch – am wenigsten ich selbst – unterstellt Ihnen, daß bei Ihren Verhaltensweisen unlautere Motive im Spiel sind. Die Fähigkeiten, die Sie auf Grund Ihrer Persönlichkeitsstruktur besitzen, zeichnen Sie jedoch als einen Menschen aus, der sich unterschiedlichen Situationen und Personen gegenüber so einstellen kann, daß Ihnen das Diktat des Handelns nicht aus der Hand gleitet.

> *Beispiel*
>
> Auch ich hatte einmal einen Chef (frei nach unserem ehemaligen Oberhaupt: ,,Jeder von uns hat eine Mutter"). Dieser Chef war drei Jahre lang der gleiche Persönlichkeits-Typ: ein E-Typ. Ich selbst war zwar auch drei Jahre lang der gleiche Persönlichkeits-Typ — aber eben nicht ein E-Typ. Bei Auftragsverhandlungen sah ich mich genötigt, hin und wieder den ,,harten Typen" herauszukehren, bei Konflikten innerhalb der Belegschaft war ich ganz auf der E-Linie, habe mit den Leuten einvernehmlich geredet, bin penetrant, freundlich, aggressiv, unverständlich, grob, von Weisheiten überschwemmt oder unberührt gewesen. Mit anderen Worten: Ich war ich selbst. Daß in den meisten Situationen und den meisten Handlungspartnern gegenüber meine G-Komponente öfter durchgeschlagen ist als andere, will ich in diesem Zusammenhang nicht verhehlen. Fest steht, daß ich mir nie als Verräter meiner eigenen Persönlichkeitsstruktur vorgekommen bin.

Ein T-Typ ist eigentlich in einer beneidenswerten Lage. Stark ausgeprägte Persönlichkeiten mit einem überdurchschnittlichen G-Anteil haben Erfolg durch Lebens- und Berufsplanung, die A-Typen erzielen ihre Erfolge durch Situationsbewältigung, die E-Typen verlassen sich zu Recht ganz auf ihr Gefühl. Die Position des T-Typen ist dabei — hart, aber herzlich — die, daß er sowohl die Vor- als auch die Nachteile aller Persönlichkeitsstrukturen ,,genießt".

Hinweis

Sie sollten als T-Typ unbedingt *alle* Beschreibungen der unterschiedlichen Persönlichkeitskomponenten lesen, um festzustellen, wo Sie sich selbst am ehesten wiedererkennen.

Ballen Sie jetzt bitte nicht die Becker-Faust, lassen Sie sich nicht zu bayerischen Alpenjodlern hinreißen.

Sie sind ein ganz normaler T-Typ, der es versteht, den Mitarbeitern und den Chefs gegenüber die Persönlichkeitspotentiale so zu nutzen, daß ein positives Betriebsklima entsteht.

Ist es wirklich so, daß Sie Forschheit von Unbedachtheit, Zielstrebigkeit von Sturheit, Menschlichkeit von Kumpanei unterscheiden können, dann haben Sie alle Chancen, mit Ihren Chefs ein konfliktarmes Arbeitsleben zu pflegen.

Zwischenfazit

Menschen mit einer stark ausgeprägten T-Komponente haben die besten Möglichkeiten, positiv auf das Chef-Verhältnis einzuwirken – es sei denn, Persönlichkeitsmerkmale ähneln sich für den anderen in nachvollziehbarer Weise.

Wenn Ihr Persönlichkeitsprofil dem Ihres Chefs oder Ihrer Chefin ähnelt, haben Sie in der Regel keine Schwierigkeiten, die Zusammenarbeit von sich aus positiv zu gestalten.

Ein paar Beispiele

Wenn Ihr Chef verlangt, eine Statistik zu erstellen	ist es Ihnen ein leichtes, ... wochenlang in einem Archiv zu „graben".
Überstunden zu leisten	... zu entscheiden, ob Sie zustimmen oder nicht.
einem Mitarbeiter bei seinen persönlichen Problemen zu helfen	... sich dieses Mitmenschen anzunehmen.
etwas mehr für die eigene Karriere zu tun	... die Konkurrenzangebote auf den Tisch zu legen.
eine Betriebsfeier zu organisieren	... eine „dufte Fete" vorzubereiten und durchzuführen.
ein neues Ausbildungskonzept zu erarbeiten	... präzise und objektiv überprüfbare Lernziele zu formulieren.

Bei der Statistik und bei der Erstellung eines Ausbildungskonzepts kommen Ihnen dabei die G-Anteile Ihrer Persönlichkeitsstruktur zugute. Ob Sie Überstunden leisten wollen, oder ob Sie sich spontan für eine Karriere entscheiden, überlassen Sie Ihrem A-Anteil. Schließlich wird es Ihnen mit Ihrem E-Anteil auch nicht schwerfallen, eine Betriebsfeier mit allem Drum und Dran zu organisieren, oder sich auch intensiv den Problemen eines Mitarbeiters zu widmen.

Der Grund für diese unterschiedlichsten Fähigkeiten liegt darin, daß Ihre Persönlichkeitspotentiale in nahezu ausgewogenem Maße vorhanden – und damit für Sie verfügbar – sind.

Sie als T-Typ sind am ehesten in der Lage, Gegensatzpaare wie Gefühl und Verstand, Menschlichkeit und Leistungsanspruch, Privates und Geschäftliches miteinander zu verbinden. Wichtig ist dabei, daß Sie bei den daraus resultierenden, unterschiedlichen Verhaltensweisen in den Augen Ihrer Mitmenschen nicht unecht wirken.

Ein G-Typ, der plötzlich über das himmlische Grün des Büro-Gummibaumes zu schwärmen beginnt, wirkt lächerlich. Einem A-Typen, der beschließt, seine Kollegen wochenlang mit Nichtachtung zu strafen, billigt man bestenfalls eine schwere Depression zu. Einem E-Typen, der anfängt, verschachtelte und unverständliche Sätze zu formulieren, unterstellt man die Probe für einen Karnevalsvortrag.

Vor der Gefahr, auch bei extremen Verhaltensweisen als unecht, aufgesetzt oder falsch eingeschätzt zu werden, bleiben Sie weitgehend verschont.

Das hat auf der anderen Seite auch den Vorteil, daß Ihnen extreme Verhaltensweisen Ihrer Chefs nicht unnatürlich oder unerklärlich vorkommen. Was immer ein Chef tut, aus irgendeiner Ecke Ihrer Persönlichkeitsstruktur können Sie die Handlungsweisen nachvollziehen.

Hinweis

Wenn es schon schwierig ist, stark ausgeprägte Einzelkomponenten einer Persönlichkeitsstruktur umfassend zu beschreiben, so ist es fast unmöglich, alle T-Typen mit der Beschreibung weniger Verhaltensweisen zu erfassen.

Es kann also sein, daß Teile der nachfolgenden Zusammenfassung für Sie persönlich nur teilweise zutreffen – vor allem dann, wenn die Ausprägung Ihrer zweitstärksten Komponente nahe am T-Wert liegt.

Merkmale einer Persönlichkeitsstruktur mit stark ausgeprägter T-Komponente

- Verfügbarkeit aller Persönlichkeitspotentiale;
- Nachvollziehbarkeit auch extremer Verhaltensweisen;
- besondere Fähigkeit, sich auf unterschiedliche Situationen einzustellen;
- Ausgewogenheit zwischen gefühlsmäßigem und verstandesmäßigem Verhalten;
- beste Voraussetzungen, andere Menschen so zu akzeptieren, wie sie sind;
- gleichermaßen gesuchter Partner bei der Lösung von persönlichen und sachlichen Problemen;
- große Flexibilität bei der Übernahme unterschiedlichster Aufgaben;
- hohe Akzeptanz Ihrer Verhaltensweisen bei Vorgesetzten mit unterschiedlichen Persönlichkeitsprofilen.

Natürlich hat es nicht nur Vorteile, über eine starke T-Komponente in der Persönlichkeitsstruktur zu verfügen – über die Nachteile sprechen wir später.

Wenn Sie sich einen Spaß mit ernstem Hintergrund gönnen wollen, sollten Sie die Seite 102 aufschlagen und dort festhalten, zu wieviel Prozent Sie sich in der Beschreibung des T-Typen wiedergefunden haben.

Sie haben dann die Möglichkeit, die Selbsteinschätzung mit den Ergebnissen aus der Bearbeitung der Unterlage am Anfang dieses Buches zu vergleichen. Ein solcher Vergleich bringt manchmal einige Überraschungen.

Kapitel 7:
Merkmale Ihres E-Anteils
Das höchste der Gefühle!

Wenn Ihr E-Anteil in Ihrer Persönlichkeitsstruktur am stärksten ausgeprägt ist, dann können Sie sich ab sofort einen E-Typen nennen. Wenn ich hier von „Typen" spreche, ist das keinesfalls despektierlich oder beleidigend gemeint — es ist lediglich eine Verkürzung, bei der jeder der Beteiligten sofort weiß, wovon gesprochen wird. Das Persönlichkeitsprofil eines E-Typen könnte in etwa so aussehen:

	G	A	T	E
90				
80				
70				60
60				
50				
40			30	
30	20			
20		10		
10				
0				

Die Bezeichnung E-Typ leitet sich aus dem englischen „emotion" ab, was soviel wie „Gefühl" bedeutet. Gefühlsmäßiges Handeln gehört dann auch zu den Stärken eines E-Typen.

Während man allen anderen Persönlichkeitsstrukturen auf der Gefühlsebene etwas vorspielen kann, so beißt man beim E-Typen in diesem Bereich auf Granit. Jeder Chef, der Ihnen vorzumachen versucht, das Sie ihm der liebste und beste Mitarbeiter sind, hat bei Ihnen keine Chance auf Glaubwürdigkeit – es sei denn, er meint es wirklich so.

Beispiel

Management-Seminare sind für Chefs notwendig und sinnvoll. Man darf sich das nicht so vorstellen, daß bei diesen Seminaren nur Möglichkeiten erarbeitet werden, wie man die Mitarbeiter noch effektiver zu mehr Leistungen bringt, wie man sie geschickter „ausbeutet" oder wie man am besten Mitbewerber für einen höheren Posten austrickst.

Ein Großteil der Seminarzeit wird von seriösen Veranstaltern auf die Frage verwendet, wie man das Verhältnis zu den Mitarbeitern verbessern kann – so also: „Wie kann ich die Mitarbeiter motivieren, damit ihnen die Arbeit auch Spaß macht?" Viele Vorgesetzte kommen nach solchen Seminaren voller Tatendrang in den Betrieb zurück, so daß sie ihre Mitarbeiter mit den neuen Erkenntnissen ab montags 8 Uhr „überfallen":

Da erfährt der Hausbote zum ersten Mal, daß der Chef ihn überhaupt wahrnimmt, der Bedienung in der Kantine wird ein besonderer Geschmack bei der Auswahl ihres Kittels bestätigt, und der Buchhalter wundert sich, daß der Chef nach drei Jahren bemerkt, daß die Zahlen in Ordnung sind.

Nichts gegen die Motivationsversuche der „seminargestählten" Chefs – ein E-Typ merkt sofort, ob der Chef ehrlich an der Person interessiert ist oder ob es sich um die reine Umsetzung von Seminar-Wissen handelt.

Bedürfnis nach Wohlbefinden

Sie können nur dann zufrieden und effektiv arbeiten, wenn Sie sich in Ihrem Arbeitsumfeld wohl fühlen. Einen ständigen Krach mit Kolleginnen oder Kollegen, Reibereien mit Ihren Vorgesetzten oder eine nicht zufriedenstellende Tätigkeit werden Sie nicht lange als gegeben hinnehmen. Sie werden alles daran setzen, unangenehme Situationen möglichst schnell zu bereinigen.

Ihre Vorgehensweise richten Sie dabei in erster Linie nach den beteiligten Personen und nicht so sehr nach der sachlichen Problemstellung. Bei Lösungen von Problemen steht bei Ihnen immer der Mensch im Mittelpunkt, weil Sie genau wissen, daß Wohlbefinden immer damit zusammenhängt, wie Menschen miteinander umgehen.

Bedürfnis nach Kontakt

Zentrale Eigenschaft Ihrer Persönlichkeitsstruktur ist die Kontaktfähigkeit, die aus einem elementaren Kontaktbedürfnis resultiert. Es ist für Sie geradezu undenkbar, einen 8-Stunden-Arbeitstag ohne Kontakt zu Kollegen, Vorgesetzten oder Mitarbeiter in bester Laune zu verbringen. Sie sind interessiert an den von manchen Menschen so süffisant belächelten Kleinigkeiten des Lebens, weil Sie wissen, daß sich die Zufriedenheit im Leben aus der Summe der Kleinigkeiten ergibt.

Es ist Ihnen eben nicht gleichgültig, wann Ihre Kollegin das Baby erwartet, wann der Chef Geburtstag hat, und daß sich die meisten Menschen über ein kleines Geschenk zum Geburtstag freuen.

Ihr Wunsch nach Kontakt ist immer ehrlich gemeint — Personen, die Ihnen ablehnend gegenüberstehen, würden Sie Kontakte nie aufzwingen. Tritt man Ihnen jedoch herzlich gegenüber, können Sie den Wunsch nach einem näheren menschlichen Kontakt kaum ablehnen. Sie halten es für eine Auszeichnung, wenn gerade in der meist als „unmenschlich" beschriebenen Arbeitswelt der Kontakt zu Ihnen gesucht wird — für Sie eine Notwendigkeit zur Verbesserung des Arbeitsklimas.

> *Beispiel*
>
> Die Rezeptionistin eines ziemlich vornehmen Hotels in München war erst zwei Wochen im Dienst und hatte es schon geschafft, sich bei fast allen Kolleginnen und Kollegen unbeliebt zu machen. Eigentlich war sie — wie auch jeder bestätigen konnte — immer höflich, herzlich und fröhlich. Woher kam dann die Abneigung aus der Küche, aus der „Etage" und aus der Verwaltung? Die neue Kollegin hatte nichts anderes „verbrochen", als von Anfang an alle — bis auf die Hotel-Managerin — zu duzen.
>
> Bei manchen altgedienten Kräften hat eine solche Verhaltensweise natürlich Verwunderung bis Verärgerung hervorgerufen — bis die Hotel-Managerin das einzig Richtige tat:
>
> Sie fragte nach, wie sich die eigentlich unbegründete Abneigung erklärt. Nun, sie stammte aus einem kleinen Dorf, in dem man sich als große Familie fühlte. Um den Mitbewohnern des Dorfes zu signalisieren, daß man sie mag, wird man dazu erzogen, alle — bis auf

> den Pfarrer, den Bürgermeister und den Lehrer — zu duzen. Es war sogar so, daß Personen aus diesem Dorf, die vor der Allgemeinheit in Ungnade gefallen waren, von heute auf morgen gesiezt wurden — und genau diesen Eindruck wollte die neue Rezeptionistin ihren sympathischen Kollegen gegenüber nicht erwecken.

Es ist wirklich verrückt, wie bestimmte Verhaltensweisen bei verschiedenen Menschen zu völlig unterschiedlichen Einschätzungen führen können — darüber dann spätermehr. Diese Aussage gilt zudem nicht nur für Kollegen, sie gilt auch für Ihre Chefs.

Vergangenheitsbezogenes Fühlen und Handeln

E-Typen handeln in erster Linie aus der Erfahrung heraus. Sie werden an sich selbst oft festgestellt haben, daß Sie bestimmte Entscheidungen ungern treffen wollten, weil Sie einfach ein ungutes Gefühl hatten. Dieses Gefühl muß schließlich irgendwo herkommen: es kommt aus Ihren bewußt oder unbewußt gespeicherten Erfahrungen. Daß man sich einem Vorgesetzten gegenüber vorsichtig verhalten muß, können E-Typen in der Regel nicht mit Daten oder Fakten belegen. Sie wissen aber aus der Erfahrung heraus, daß bestimmte Konstellationen aus Mensch und Situation zur Vorsicht mahnen. Den E-Typen kommt dabei ein stark ausgeprägtes Langzeitgedächtnis zugute. Diese Art der Informationsspeicherung erlaubt es dem E-Typen, auch nach Jahren noch die scheinbar unwichtigsten Kleinigkeiten in die Erinnerung zurückzurufen. Oft sind es ja wirklich die Kleinigkeiten, die letzlich den Ausschlag für die eine oder andere Entscheidung geben.

> *Beispiel*
>
> Wann immer ich mit meiner Frau (eine liebenswerte E-Typin) in Sachen ,,Seminare" unterwegs war, hat sie Dinge registriert, die bei mir nach zwei Tagen schon wieder ,,weg" waren. Dann – nach drei oder vier Jahren – konnte meine Frau noch Details reproduzieren, also etwa, daß der Auftraggeber in Hamburg eine fürchterlich unmoderne Krawatte trug, daß in Berlin ein Versicherungsmensch über unsere Honorarforderungen süffisant gelächelt hat etc.
>
> Aber auch wichtige Dinge sind ihr heute noch präsent und abrufbar: So hat sie mich vor der Wiederaufnahme meiner Seminartätigkeit in einem mittelständischen Betrieb gewarnt, weil der Chef damals schon eine ,,Krisenstimmung" im Betrieb verbreitet hätte. Konkrete Angaben konnte meine Frau nicht machen – es sei nur so ein Gefühl. Das Gefühl behielt recht: Den Betrieb gibt es heute nicht mehr, und aller Wahrscheinlichkeit wäre ich auch auf meiner Honorarforderung sitzengeblieben.

Die Summe aller Einzelheiten führt die E-Typen zu Urteilen und zu Beurteilungen, die sie zwar rational nicht begründen können, die sich aber meist bewahrheiten.

Kommunikationsfähigkeit

Wenn man will, daß die persönlichen Bedürfnisse in einem Unternehmen berücksichtigt werden, dann kann einem nichts Besseres passieren, als einen Chef mit einer stark ausgeprägten E-Komponente zu haben. Wenn er dann auch noch der Entscheidungsträger ist – um so besser.

Kein Persönlichkeitstyp mit einer anderen Schwerpunktkomponente kann sich den menschlichen Bedürfnissen seiner Mitarbeiter mit der Offenheit und mit dem Zeitaufwand des E-Chefs widmen. Das heißt nicht, daß der E-Chef in allen Situationen auch der beste Chef sein muß – schließlich sind von Chefs auch Entscheidungen zu treffen, die nach ökonomischen Gesichtspunkten nicht allen Beteiligten „schmecken". Es sind auch Entscheidungen zu treffen, bei denen man die Mitarbeiter nicht immer einbeziehen kann. Sie selbst haben keine Schwierigkeiten, in den Dialog mit Kollegen und Chefs zu treten. Im Gegenteil: Ihre Kommunikationsfähigkeit wird von vielen gewünscht und auch genutzt.

Beispiele

Sie als E-Typ werden gebraucht, wenn es darum geht:

- die Interessen der Kolleginnen und Kollegen den Vorgesetzten gegenüber zu vertreten;
- interne Schwierigkeiten in der Arbeitsgruppe zu analysieren und zu beseitigen;
- sich darauf zu besinnen, daß Arbeit nicht nur belastend sein muß, sondern Spaß machen kann;
- einzelne Kollegen von ihren persönlichen Problemen abzulenken.

Das ist nur eine Auswahl aus Ihrem Betätigungsfeld als E-Typ. Daß diese Funktionen, die Sie sich selbst auferlegen, nicht immer nur Vorteile mit sich bringen, liegt auf der Hand. Auch E-Typen können sich durch ihre Verhaltensweisen Nachteile einhandeln – darüber später mehr.

Hinweis

Wenn ich Ihnen als E-Typ in meiner Beschreibung Kontaktfähigkeit und Kommunikationsbereitschaft zugebilligt habe, bedeutet das nicht, daß Sie in jeder Situation und allen Menschen gegenüber ein dementsprechendes Verhalten an den Tag legen müssen. Es ist vielmehr so, daß Sie es durchaus erkennen, wenn man Sie mit diesen Eigenschaften ausnutzen will – dann sinkt Ihre Kommunikationsbereitschaft schlagartig auf Null.

Wenn ich also die Hauptmerkmale eines E-Typen zusammenfasse, gehen Sie bitte davon aus, daß nicht alle beschriebenen Eigenschaften auf Sie selbst hundertprozentig zutreffen müssen. Das hängt – wie Sie wissen – auch vom Ausprägungsgrad Ihrer E-Komponente ab.

Es kann auch sein, daß in der Zusammenstellung einige Merkmale, die Sie für sich selbst in Anspruch nehmen, fehlen: Warum das so sein kann, erkläre ich später.

Merkmale einer Persönlichkeitsstruktur mit stark ausgeprägter E-Komponente

- grundsätzlich positive Einstellung zu anderen Menschen;
- ausgeprägtes Harmoniestreben;
- Interesse an der menschlichen Seite des Berufslebens;
- gefühlssicheres Handeln;
- Kontaktbereitschaft und Kontaktfähigkeit;
- ausgeprägtes Langzeitgedächtnis (auch für Kleinigkeiten);
- Verhaltensweisen basieren auf Erfahrungswerten;
- Instinkt für sich verändernde Stimmungslagen im Betrieb und auch in persönlichen Beziehungen.

Auch Sie sollten sich an einem Spiel mit ernstem Hintergrund auf der nächsten Seite beteiligen. Schätzen Sie für sich selbst, inwieweit Sie sich in der Beschreibung des E-Typen wiedergefunden haben.

Kapitel 8:
Das Schätz-Spiel

Schätzen Sie hier den Ausprägungsgrad der Persönlichkeitskomponente, deren Beschreibung Sie gerade gelesen haben. Legen Sie sich dabei nicht auf ein oder zwei Prozent genau fest, sondern schätzen Sie „über den Daumen" und „aus dem Bauch heraus". Machen Sie Ihre Schätzung auch grafisch deutlich:

	G	A	T	E
100 %				
50 %				
30 %	—	—	—	—
0 %				

Lesen Sie jetzt die Beschreibung der Persönlichkeitskomponenten, die bei Ihnen weniger ausgeprägt sind, und nehmen Sie jeweils nach der Lektüre einer Beschreibung eine Schätzung vor.

Lesen Sie bitte alle Beschreibungen. Beurteilen Sie bitte alle Beschreibungen in diesem Schätz-Spiel.

Jetzt, da Sie alle Schätzungen zusammengetragen haben, können Sie einen Vergleich mit der Seite 60 wagen. Auf dieser Seite haben Sie die persönlichen Werte aus der Bearbeitung der Eingangsunterlage festgehalten.

Es gibt jetzt zwei Möglichkeiten:

1. Die Ergebnisse von S. 60 und die Ergebnisse des Schätz-Spiels stimmen im wesentlichen überein.
2. Die beiden Werte weichen wesentlich voneinander ab.

Eine Übereinstimmung liegt dann vor, wenn die Rangfolge der G-, A-, T- und E-Werte vom Ausprägungsgrad her identisch ist.

Eine wesentliche Abweichung registrieren Sie bitte dann, wenn Sie eine Beschreibung als sehr hoch zutreffend geschätzt haben, die in der Auswertung auf S. 60 vom Punktwert her kaum in Erscheinung tritt.

Dieses Schätz-Spiel hat insofern einen ernsten Hintergrund, als es Aufschluß darüber gibt, inwieweit Ihr Wunschbild von sich selbst von Ihren tatsächlichen Verhaltensweisen abweicht.

Es kann schließlich sein, daß man sich lieber anders sieht, als man tatsächlich ist. Eine solche Verzerrung des eigenen Persönlichkeitsbildes schlägt sich entweder in der Beurteilung konkreter Verhaltensweisen oder in der Einschätzung von Persönlichkeitsbeschreibungen nieder.

Fazit

Jeder Mensch denkt, fühlt und handelt in einem magischen Dreieck, welches sich so darstellen läßt:

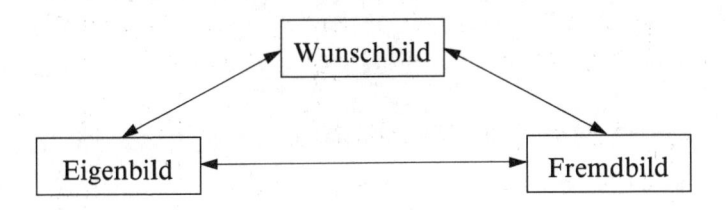

```
                    Wunschbild
                   ↗          ↖
                  ↙            ↘
        Eigenbild  ←—————————→  Fremdbild
```

Mögliche Diskrepanzen zwischen Ihrem Wunschbild und dem Eigenbild bieten einen fruchtbaren Nährboden für eine noch intensivere Beschäftigung mit der eigenen Person.

Jetzt geht es zunächst einmal um das Fremdbild – um das Bild, das Sie von Ihrem Chef haben.

Kapitel 9:
Das ist mein Chef — das muß er sein!

Bei meinen Persönlichkeits-Seminaren, bei Verkäufer-Schulungen, bei Management-Veranstaltungen mache ich mir und den Teilnehmern immer wieder die Freude, mich auf ein ganz dünnes Eis zu begeben. Dieses dünne Eis besteht darin, daß ich nach der Begrüßung ankündige, welche Persönlichkeitskomponente bei den einzelnen Teilnehmern die am stärksten ausgeprägte ist.

Wenn es mich ganz besonders reizt, bin ich sogar bereit, die Reihenfolge der Ausprägung von G-, A- und E-Komponenten zu bestimmen. Das mache ich, um mir meinen Blick für unterschiedliche Persönlichkeitsstrukturen zu erhalten.

Glauben Sie mir: Es geht!

Es bedarf mit einer gewissen Übung wirklich nur Sekunden, um festzustellen, aus welchem Persönlichkeitspotential heraus die unterschiedlichen Chefs oder auch Verkäufer agieren und reagieren. Die Fähigkeit zu einer gesicherten Analyse bei Ihren Chefs möchte ich Ihnen mit diesem Kapitel vermitteln. Es bedarf keines 4-jährigen Psychologie-Studiums, um fcstzustellen, daß die Menschen so sind, wie sie sich verhalten. Keiner kann auf Dauer gesehen eine Rolle spielen, die seiner Persönlichkeitsstruktur nicht entspricht.

> *Beispiel*
>
> Nach einer langen Zeit der getrennten Berufswege traf ich in München einen Freund aus der Bundeswehrzeit wieder — ein Mensch, der es gewagt hatte, mit seinen hohen E-Anteilen Anwalt zu werden. In seiner Kanzlei habe ich ihn als absoluten A-Typen erlebt, der kaum eine Gelegenheit ausließ, seine Mandanten mit markigen Sprüchen dazu zu bewegen, selbst aussichtslose Streitereien durchzufechten.
>
> Das konnte natürlich auf Dauer nicht gutgehen. Die Erkenntnis, daß man den Bundeswehr-Zampano nicht einfach auf das berufliche Wirken übertragen kann, ergab sich in einem Zeitraum von zwei Jahren. Mein Freund vertritt heute nicht mehr die Leute mit dem vermeintlich ,,großen Geld", sondern — sehr erfolgreich — Menschen, die sich auf die Grundrechte in der Bundesrepublik Deutschland berufen.

Dieses Beispiel bedeutet nicht, daß bestimmte Persönlichkeitsstrukturen für eine Anzahl von Berufen ungeeignet seien — es ist nur die Frage, wie man in einer Hierarchie und in bestimmten Betätigungsfeldern einen zufriedenstellenden Platz findet.

Ihrem Chef ist es im Verlauf des beruflichen Werdegangs nicht anders ergangen. Auch er hat — mit einer ganz individuell ausgestatteten Persönlichkeitsstruktur — eine Tätigkeit finden müssen, die seinen Möglichkeiten entspricht. Ich meine hier nicht die intellektuellen oder handwerklichen Möglichkeiten — es sind die Potentiale gemeint, die in seiner Persönlichkeitsstruktur liegen. Ein Verteidigungsminister mit einem hohen G-Anteil wird die Hardt-Höhe eben anders in den Griff bekommen als der mit den extremen A-Anteilen. Es spricht auch überhaupt nichts dagegen, daß ein Mensch mit sehr vielen A-Anteilen Krankenschwester wird, ein E-Typ Leiter der Mordkommission, ein T-Typ rasender Reporter einer Boulevard-Zeitung usw.

Fazit

Ihr Chef ist auch in seinem Chef-Dasein in erster Linie einmal ein Mensch.

Diesen Menschen „Chef" kann man in seiner Persönlichkeitsstruktur erkennen. Er verhält sich nämlich so wie Sie selbst – aus der individuellen Persönlichkeitsstruktur heraus.

Der erste Einstieg in die Persönlichkeitsstruktur Ihres Chefs ist die Beobachtung.

Wenn Sie nicht wollen, daß Sie sich mit der Persönlichkeit Ihres Chefs oder Ihrer Chefin auseinandersetzen, dann lassen Sie's. Erstens zwingt Sie keiner – und zweitens können Sie die Investition, die Sie in dieses Buch gesteckt haben, in Form eines Ostereis weitergeben.

Spaß beiseite: Sie haben einen Chef oder eine Chefin. In Ihrem Unternehmen/Betrieb/Konzern verbringen Sie einen Teil Ihres Lebens. Das ist eigentlich Grund genug, sich mit den Personen zu beschäftigen, mit denen Sie tagtäglich zu tun haben. Dazu gehören auch Ihre Chefs.

Wenn Sie genau registrieren, wie sich Ihre Chefs verhalten, haben Sie einen gesicherten Anhaltspunkt für die Persönlichkeitsstruktur.

Die nachfolgenden Ja-/Nein-Entscheidungen verlangen von Ihnen lediglich ein gewisses Maß an Ehrlichkeit sich selbst gegenüber. Sehen Sie also Ihren Chef nicht so, wie er sich selbst sehen möchte oder wie Sie ihn sehen möchten. Gehen Sie bei der Beurteilung nur von den ,,nackten" Tatsachen aus, sagen Sie ,,Ja" bei Beobachtungen, die Sie gemacht haben, sagen Sie ,,Nein" bei Verhaltensweisen, die Sie bei Ihrem Chef nicht beobachten konnten.

Ist das Ihr Chef?

	Ja	Nein
1. Trifft er nur dann Entscheidungen, wenn er genügend Informationen gesammelt hat?	O	O
2. Spricht er öfter über die Zukunft als über die Vergangenheit?	O	O
3. Ist er bereit, sich auf längere Diskussionen einzulassen?	O	O
4. Gilt Ihr Chef als zuverlässig und beharrlich?	O	O
5. Ist Ihr Chef in der Lage, auch in Konflikt- und Krisenfällen einen kühlen Kopf zu bewahren?	O	O
6. Hält sich Ihr Chef mit Gefühlsäußerungen zurück?	O	O
7. Gibt es in der Firma Personen, die ein stärker ausgeprägtes Selbstbewußtsein haben als Ihr Chef?	O	O

	Ja	Nein

8. Ist Ihr Chef bei persönlichen Belangen schwer ansprechbar? ○ ○

9. Haben Sie das Gefühl, daß Ihr Chef manchmal zu lange grübelt, bevor er eine Entscheidung trifft? ○ ○

10. Kann man Ihren Chef mit Daten und Fakten verblüffen? ○ ○

11. Ist Ihr Verhältnis zu Ihrem Chef mehr sachlicher als persönlicher Natur? ○ ○

12. Erklärt Ihnen der Chef die Verhaltensweisen, die er im Berufsalltag an den Tag legt? ○ ○

Mit Ihrer Kenntnis über die unterschiedlichen Persönlichkeitskomponenten haben Sie natürlich sofort erkannt, daß es sich bei vielen ,,Ja"-Antworten eigentlich nur um einen Chef mit einer stark ausgeprägten G-Komponente handeln kann. Selbst wenn Sie jetzt schon 12 ,,Ja"-Antworten für Ihren direkten Vorgesetzten dokumentiert haben, sollten Sie sich nicht die Chance nehmen, die gleiche Person auch einmal aus einem anderen Blickwinkel zu betrachten.

Meist kommt dabei heraus, daß Ihr Chef eben nicht nur eine eindimensionale Persönlichkeit ist, sondern daß auch andere Persönlichkeitskomponenten erkennbar sind. Ich bleibe bei meiner Aussage:

Auch Chefs sind Menschen mit einer unverwechselbaren Persönlichkeitsstruktur!

Ist das Ihr Chef?

	Ja	Nein
1. Gibt sich Ihr Chef in Mimik, Gestik und Kleidung betont selbstbewußt?	○	○
2. Behält sich Ihr Chef das Recht vor, einmal getroffene Entscheidungen kurzfristig umzustoßen?	○	○
3. Benutzt Ihr Chef hin und wieder persönliche Kontakte, um seine Ziele durchzusetzen?	○	○
4. Braucht Ihr Chef Bestätigung für seine beruflichen Leistungen?	○	○
5. Ist er in seinen Urteilen manchmal etwas vorschnell?	○	○
6. Zeichnet Ihren Chef eine hohe Risikobereitschaft aus?	○	○
7. Gibt er persönliche Fehler unumwunden zu?	○	○
8. Ist Ihr Chef in der Lage, kurze und präzise Anweisungen zu geben?	○	○
9. Hat er Sie schon einmal in Ihren Gefühlen verletzt, ohne daß es ihm aufgefallen ist?	○	○

	Ja	Nein
10. Zeigt Ihr Chef Freude und Begeisterung genauso spontan wie Ärger und Verdruß?	○	○
11. Ist er oft ungeduldig und treibt Sie zur Eile an?	○	○
12. Kann Ihr Chef Fehler von Ihnen schnell vergessen?	○	○

Es ist durchaus erlaubt – sogar erwünscht –, wenn Sie sich bei der Beurteilung Ihres Chefs mit den Kolleginnen und Kollegen beraten. Sie werden feststellen, daß es vergleichbare Erlebnisse gibt, die zu den gleichen Einschätzungen führen. Das kann eigentlich auch nicht anders sein, weil es sich ja immerhin um ein und dieselbe Person handelt.

Ist das Ihr Chef?

	Ja	Nein
1. Kann Ihr Chef bei einer persönlichen Bitte schlecht „Nein" sagen?	○	○
2. Ist für ihn die menschliche Seite mindestens ebenso wichtig wie die Leistung?	○	○
3. Teilt Ihnen Ihr Chef hin und wieder auch private Dinge mit?	○	○
4. Bleibt er auch in Konfliktsituationen höflich und menschlich?	○	○

	Ja	Nein

5. Schätzen Sie es, wenn Ihr Chef mit persönlichen Erfahrungen argumentiert? ○ ○

6. Läßt Ihnen Ihr Chef genügend Freiraum für die persönliche Entfaltung? ○ ○

7. Könnten Sie jederzeit mit persönlichen Problemen zu Ihrem Chef kommen? ○ ○

8. Zeigt er sich bei persönlicher Kritik menschlich getroffen? ○ ○

9. Gilt Ihr Chef als kontaktfreudig und kontaktfähig? ○ ○

10. Erweisen sich seine gefühlsmäßigen Entscheidungen in der Regel als richtig? ○ ○

11. Haben Sie Ihren Chef mit ironischen oder sarkastischen Bemerkungen schon einmal in Verlegenheit bringen können? ○ ○

12. Mutet sich Ihr Chef manchmal zuviel zu, weil er die Arbeit anderer übernimmt? ○ ○

Tragen Sie jetzt Ihre ,,Ja"-Entscheidungen zusammen. Die ersten 12 Entscheidungen beziehen sich auf die G-Komponente Ihres Chefs, die nächsten 12 auf die A-Komponente, und mit den ,,Ja"-Nennungen der letzten 12 Äußerungen bestimmen Sie das Ausmaß der E-Komponente Ihres Vorgesetzten, den Sie ,,ins Visier" genommen haben.

	G	A	E
Anzahl der Nennungen			

Mit dieser Gewichtung haben Sie einen ersten Überblick über die Ausprägungsgrade der einzelnen Persönlichkeitskomponenten Ihres Chefs. Natürlich können Sie den gleichen Vorgang der Einschätzung für beliebig viele Chefs oder auch andere Personen aus Ihrem Arbeitskreis vornehmen.

Der Persönlichkeitsbereich, der die meisten „Ja"-Nennungen aufweist, ist der am stärksten ausgeprägte.

Auf diese Schwerpunktkomponente sollten wir uns zunächst konzentrieren, weil Sie hier die meisten Fehler machen können, wenn Sie Ihren Chef „in den Griff" bekommen wollen.

Kapitel 10:
Nutzen Sie die Stärken – aber nicht die eigenen, sondern die des Chefs!

Es soll ja hin und wieder einmal vorgekommen sein, daß ein Vorgesetzter seine Schwäche in der Entscheidungsstärke hat. Moment – hier hat sich kein Drucker verdruckt, der Schreiber erst recht nicht verschrieben: Bei manchen Führungskräften ist es tatsächlich so, daß sie vor lauter Entscheidungen nicht mehr wissen, was sie vor drei Tagen entschieden haben. Das Fatale an der ganzen Sache ist, daß die neuerlichen Entscheidungen immer überzeugend durch neue Entwicklungen innerhalb des Unternehmens ihre Rechtfertigung finden.

Beispiel

Die Vertriebsmannschaft eines Unternehmens im Finanz-Sektor konnte die erforderlichen (von der Geschäftsleitung des Unternehmens vorgegebenen) Umsatzzahlen bei weitem nicht erbringen. Das hatte zur Folge, daß die untergeordneten Führungskräfte (in diesem Fall einer der 10 Direktionsleiter in Deutschland) angewiesen wurden, nach neuen Möglichkeiten der Mitarbeitermotivation zu suchen und sie durchzusetzen.

Der mir bekannte Direktions-Leiter wies alle Mitarbeiter, die als Organisations-Leiter auch Führungsaufgaben zu erfüllen haben, an, in Zukunft selbst keine Kunden mehr zu besuchen, sondern sich ausschließlich um die Aus- und Weiterbildung der Mitarbeiter zu kümmern. Eine Maßnahme, die aus meiner Sicht in der Tat sinnvoll erschien, da es sich um eine aufstrebende Firma mit einem Lücken-Produkt im Markt handelte.

Die Mitarbeiter, in diesem Fall die Organisations-Leiter, hielten sich an diese Anweisung – allerdings nur bis zum Ende des nächsten Abrechnungsmonats. Dann wurde in einer Art ,,Rundumschlag" den Organisations-Leitern vorgeworfen, sich nicht genügend um den persönlichen Kontakt mit den Kunden gekümmert zu haben. Wie es dann im richtigen Leben so ist, haben einige der betroffenen Mitarbeiter diese Kehrtwendung nicht einfach so hingenommen.

Einige sind ausgeschieden, manche haben ihr Büro verlassen, einer hat sich gewehrt. Er ist hingegangen und hat dem Direktions-Leiter klargemacht, daß die Mitarbeiter einen Anspruch auf klare Aussagen der Führungskräfte haben und daß man sich nicht – je nach Lage der Umsatzzahlen – von Monat zu Monat ,,veräppeln" lassen kann.

In diesem Beispiel ist die Führungsstärke der Entscheidungsfreudigkeit, die man gerne Führungskräften unterstellt, zum Bumerang geworden. Was man als ganz normaler Mensch und Arbeitnehmer in einer solchen Situation empfindet, ist klar: Man selbst hätte sich eine solche Führungsschwäche nie zuschulden kommen lassen, man hätte eine weitsichtige Strategie entwickelt, man hätte nicht nur an seine Vorteile, sondern vor allem an die des Unternehmens gedacht, etc.

So, dann wollen wir einmal die Messer wetzen: Diese Führungskraft ist unfähig, ihren Mitarbeitern klare Richtlinien zu vermitteln. Und wenn man dann noch als Guru auftritt, dann hat man natürlich bei allen Beteiligten ausgespielt. So weit – so gut!

Die Frage bleibt: Wie kriegt man diesen Chef in den Griff? Die Antwort, die ich spontan und psychologisch ganz abgesichert geben kann, ist die:

Ganz sicher nicht dadurch, daß ich innerhalb des Unternehmens auf den Fehlern meines Vorgesetzten herumreite. Die wesentlich bessere Strategie ist die, sich an den Führungsqualitäten des Chefs zu orientieren.

Führungskräfte haben in der Regel folgende Aufgaben:

– sie müssen die Mitarbeiter bei der Stange halten (jedenfalls die qualifizierten);
– sie müssen Entscheidungen im Sinne des Gesamt-Unternehmens treffen;
– sie müssen Vorgaben (Umsatzzahlen, Gewinne, Neukontakte, Service-Kontakte usw.) erfüllen;
– sie müssen entscheiden, wann und an wen sie Aufgabenbereiche und Verantwortung delegieren;
– sie müssen insgesamt als Führungskraft ,,funktionieren".

Diese wenigen Punkte zusammengenommen, bedeutet das schlicht und einfach: Der Chef hat in fachlicher und menschlicher Hinsicht hundertprozentig zu funktionieren.

Wir wissen aber aus den vorigen Kapiteln, daß Vorgesetzte (fast immer) auch Menschen mit bestimmten Stärken und Schwächen sind.

Ahaaaa . . ., denkt sich so mancher selbsternannte Psychologe in den Betrieben: Wenn dem so ist, dann kann ich meinen nicht ganz so heiß geliebten Chef am besten da packen, wo sich seine Schwächen zeigen.

Will man ein befriedigendes Arbeitsklima erzielen, ist es völlig falsch, dies über das Aufdecken menschlicher Unzulänglichkeiten oder über das Aufspüren von Führungsschwäche bei Vorgesetzten zu versuchen.

Beispiel

Ein Kollege von mir, der auch heute noch im Seminargeschäft tätig ist, hatte in den 80er Jahren seine kreativste und auch produktivste Phase. Nach einigen sehr gelungenen Seminar-Reihen für Führungskräfte stellte sich das ein, was in unserem Wirtschaftssystem zwangsläufig zum Erfolg führt: die Nachfrage.

In sehr kurzer Zeit sah er sich gezwungen, Mitarbeiter und Kollegen für die Vorbereitung und Durchführung der Seminare zu verpflichten. Das Geschäft lief über Jahre prächtig, bis bei den Mitarbeitern Unmut über die Höhe der Honorare auftauchte. Über eine Angleichung der Honorare wollte mein Kollege aber nicht mit sich reden lassen.

Der unzufriedene Mitarbeiter (ein A-Typ) wußte aber von meinem Kollegen (ein G-Typ), daß dieser für die Vorbereitung der Seminare sehr viel Zeit brauchte, sich in alles sehr genau einlesen mußte, und auch vor Seminarbeginn immer eine lange Phase der Sammlung und Konzentration brauchte.

Zunehmend häufiger nahm sich dieser ,,feine" Mitarbeiter die Freiheit heraus, Unterlagen für die Seminare des Chefs erst kurz vor Seminarbeginn zu liefern. Die Überlegung war die: Wenn der Chef eine lange Vorbereitungszeit braucht, dann bringe ich ihn durch meine kurzfristige Lieferung so in Bedrängnis, daß er meinen Geldforderungen einfach zustimmen muß. Sein letzter Gedanke als Mitarbeiter meines Kollegen: ,,Wenn die Geldfrage geregelt ist, kann ich ganz normal weiterarbeiten."

Er konnte nicht: Heute arbeitet mein Kollege wieder alleine, bereitet seine Seminare in Ruhe vor, führt sie in Ruhe durch und wird in Ruhe gelassen von einem, der versucht hat, eine vermeintliche Schwäche auszunutzen. Es wird sich für einen Mitarbeiter immer als Bumerang erweisen, wenn er über die Schwächen des Vorgesetzten zu einem persönlichen Vorteil kommen will.

Da die Verteilung von Intelligenz und Einfühlungsvermögen nicht ausschließlich den Mitarbeitern zugute kommt, muß man damit rechnen, daß es auch Vorgesetzte gibt, die solche ,,Erpressungsversuche" bewußt oder auch unbewußt wahrnehmen. Im vorliegenden Fall wäre es sicher klüger gewesen, wenn sich der Mitarbeiter die Stärke seines Chefs zunutze gemacht hätte. Die Stärken dieses Chefs liegen im Abwägen des Sachverhalts, in der Prüfung der Bedingungen und in Entscheidungsvorgängen auf gesicherter Basis.

Was hätte also für den Mitarbeiter näher gelegen, als seinem Chef schon frühzeitig nachprüfbare Unterlagen über die Berechtigung einer Honorarerhöhung zukommen zu lassen. Das hätte eine genaue Auflistung der Lebenshaltungskosten sein können, auch das eine oder andere Konkurrenz-Angebot hätte wohl einiges bewirkt.
Ich weiß nicht, ob die denkbaren Vorgehensweisen zu einem für beide Seiten befriedigenden Ergebnis geführt hätten – aber eines weiß ich:

Der Versuch, über die Schwächen eines Vorgesetzten persönliche Ziele erreichen zu wollen, ist immer zum Scheitern verurteilt.

Es ist wirklich einfacher, über die Stärken der Vorgesetzten und Chefs zum persönlichen Ziel zu gelangen.

Für den Beweis, den ich später antreten werde, stelle ich zunächst einmal Verhaltensweisen einander gegenüber, die sich unter normalen Umständen gegenseitig ausschließen: Chef A kann nicht derselbe sein wie Chef B.

Chef A	Chef B
– ist nach Arbeitsbeginn erst einmal eine Stunde nicht ansprechbar – man weiß, daß er Kaffee trinkt und Zeitung liest.	– stürmt jeden Morgen ins Büro und hat für jeden Mitarbeiter mindestens drei Aufgaben, die sofort zu erledigen sind.
– ist jederzeit für die Mitarbeiter ansprechbar und ist auch bereit, über persönliche Probleme zu sprechen.	– trennt messerscharf zwischen dem durch die Tätigkeit bedingten Leistungsanspruch und den Erfordernissen der Fürsorge für seine Mitarbeiter.
– kann bei Gesprächen gut zuhören.	– fällt dem Mitarbeiter schon mal ins Wort, wenn er seine Meinung gebildet hat.
– trifft personelle Entscheidungen erst dann, wenn er von allen Beteiligten Daten und Fakten gesammelt hat.	– trifft seine personellen Entscheidungen ausschließlich nach Kriterien, die von der Geschäftsleitung vorgegeben sind.
– hat mit Mitarbeitern auch nach Dienstschluß noch persönlichen Kontakt.	– trennt seine geschäftlichen Aufgaben strikt vom Privatleben.

Sie sehen: Chef ist nicht gleich Chef! Über Qualifikationen oder nicht, über Effizienz der Tätigkeit oder nicht, über Sympathie oder nicht – über diese Dinge wollen wir hier überhaupt nicht sprechen. Gehen Sie einfach davon aus, daß es sich bei unserem Beispiel um zwei Vorgesetzte handelt, die beide Ihren Aufgaben als Führungskraft voll gerecht werden. Daß Sie dabei auf Grund ihrer Persönlichkeitsstruktur einen völlig unterschiedlichen Weg einschlagen, zeigt Ihnen die Gegenüberstellung.

Ich könnte mir vorstellen, daß Sie allein mit der Darstellung der jeweils fünf Verhaltensweisen ein plastisches Bild vor Augen haben und sagen: ,,Der A, das ist doch genau der Herr M. aus der Versandabteilung", oder: ,,Woher kennt der Lehmann den Herrn S., der sich genau wie der Chef B verhält?" Beide Chefs sind unverwechselbare Persönlichkeiten, und es würde A ebensoviel Schwierigkeiten bereiten wie B, in die jeweils anderen Verhaltensweisen zu ,,springen". Das ist ein großer Vorteil für jeden Mitarbeiter, der dazu beitragen will, das Arbeitsklima entweder zu erhalten oder zu verbessern. Sie können davon ausgehen, daß sich die beschriebenen Verhaltensweisen der beiden Chefs unter normalen Umständen nicht verändern werden.

Allein mit dem Wissen um die Persönlichkeitsstruktur meines Vorgesetzten bin ich im Vorteil gegenüber anderen, die dieses Wissen nicht besitzen.

Wenn ich von Vorteilen gegenüber anderen spreche, dann bezieht sich dieser Vorteil auch auf Ihre Beziehung zum Chef, wenn er nicht von sich aus bereit ist, mehr über seine eigene Persönlichkeitsstruktur zu erfahren.

Ich weiß aus meiner Seminartätigkeit, daß viele Führungskräfte brennend daran interessiert sind, mehr über sich selbst zu erfahren, – ich weiß aber auch, daß viele von ihnen nach einem Seminar sagen: „Das war hervorragend – endlich bin ich sicher, daß ich mit meinem Verhaltenspotential die geborene Führungspersönlichkeit bin."

Je weniger die Chefs bereit sind, die eigenen Stärken zu stabilisieren und die eigenen Schwächen abzubauen, desto leichter haben Sie es als Mitarbeiter, mit diesen Chefs umzugehen. Man muß nur aktiv darum bemüht sein, sich mit der Person des Vorgesetzten auseinanderzusetzen. Dazu gehört auch das bewußte Beobachten von Verhaltensweisen. Das Beobachten an sich ist sehr leicht:

Sie stellen fest, daß Ihr Chef dauernd mit einem Filial-Leiter seiner Hausbank verbunden werden muß, es gibt dann in der Regel längere Gespräche, bei denen der Chef nicht gestört werden will. In letzter Zeit läßt er sich sogar von Ihnen verleugnen. Wenn Sie dann noch beobachten, daß Ihr Chef nach solchen Gesprächen immer etwas unwirsch zu Ihnen ist, scheint die Schlußfolgerung logisch: Ihr Chef hat finanzielle Probleme!

Die Wahrheit ist (vielleicht): Ihr Chef unterhält bei der Bank ein riesiges Aktiendepot, um dessen Werterhaltung er in einer Krisensituation kämpft. Es könnte ja sogar so sein, daß er den Bank-Menschen gebeten hat, ihn jeden Tag über die Wertentwicklung auf dem Aktienmarkt zu informieren, um rechtzeitig verkaufen oder einkaufen zu können.

Natürlich wird der Chef nicht mit Hilfe eines Rundschreibens alle Mitarbeiter darüber informieren, daß er gerade dabei ist, sein Vermögen zu verdoppeln, aber: Er setzt sich durch seine Verhaltensweisen natürlich der Beobachtung durch seine Mitarbeiter aus. Was Mitarbeiter aus solch einer Konstellation von einzelnen Beobachtungen machen können, zeigt Ihnen die voreilige Schlußfolgerung einer „miesen Finanzlage".

Wenn Sie sich schon die Mühe machen, durch Beobachtung Ihren Chef – das unbekannte Wesen – näher kennenlernen zu wollen, dann sollten Sie auch über die Gefahren einer vorschnellen Schlußfolgerung aus Einzelbeobachtungen informiert sein.

Es besteht immer die Gefahr, aus einer „objektiven" Beobachtung die falschen „subjektiven" Schlüsse zu ziehen.

Der psychologische Mechanismus ist der gleiche, der zu Vorurteilen, zu Klischees und sogar zu nationalen Verbohrtheiten führt (siehe hierzu auch Kapitel 13: Mein Kampf – gegen die Vorurteile dieser Welt).

Wenn Sie bei der Beurteilung der Persönlichkeitsstruktur Ihres Chefs auf gesichertem Boden stehen, dann spricht nichts dagegen, daß Sie diese Kenntnisse auch für das Erreichen Ihrer persönlichen beruflichen Ziele nutzen. Erinnern wir uns an den Chef A:

Dieser baut seine Arbeit, und damit auch seinen beruflichen Erfolg, auf dem Kontakt mit seinen Mitarbeitern auf. Er ist jederzeit ansprechbar, kümmert sich um seine Mitarbeiter und sieht die Arbeit nicht nur nach dem Leistungsprinzip. Diese Verhaltensweise hat natürlich auch den Nachteil, daß er von vielen verschiedenen Seiten unterschiedliche Interpretationen eines Sachverhalts hört.

> *Beispiel*
>
> Die Küchenhilfe Elsa beklagt sich bei ihm, daß der Koch ihr zuviel Arbeit aufbürdet, der Koch regt sich ständig darüber auf, daß Elsa nichts anderes im Kopf hat, als mit ihren Kolleginnen zu quatschen.
>
> Die Kolleginnen beklagen sich beim Chef, daß der Koch Elsa nur deswegen auf der Abschußliste hat, weil sie von ihm ,,nichts wissen" will.
>
> Die Kellner beklagen sich beim Chef über das gereizte Klima in der Küche, unter dem sie zu leiden hätten.
>
> Der Oberkellner beklagt sich über mißmutige Kellner, die man den Gästen eigentlich nicht mehr zumuten könnte.

So – da haben wir den Salat.

Die ,,Schwäche" des Chefs ist offensichtlich die, daß er allen Beteiligten ein offenes Ohr schenkt, und zunächst einmal die Schilderungen der Einzelpersonen ernst nimmt. Wenn jetzt der Ober-Salat-Macher aus der Küche auch noch zum Chef geht, und ihm glaubhaft versichert, daß der Koch nur deshalb so ungehalten ist, weil die Elsa ihm schöne Augen macht, dann scheint die ganze Geschichte hoffnungslos zerfahren.

Ist sie aber nicht! Eine solche Betriebsstörung zu beseitigen, halte ich für die einfachste Sache der Welt.

Nutzen Sie die Stärken des Chefs!

Stellen Sie sich vor, Sie sind auch Beteiligte(r) in der Küchen-Geschichte. Sie leiden darunter, daß das Betriebsklima „dampft" — Sie möchten um alles in der Welt die Messerwetzerei unter den Kollegen beenden.

Es liegt doch eigentlich auf der Hand, daß Sie zu Ihrem Chef gehen und ihn bitten, sich gesprächsbereit zu zeigen. Das ist ungefähr so, als würden Sie einem, der im Regen steht, einen Regenschirm anbieten. Der Regennasse wird Ihren Schirm nehmen — der Chef nimmt Ihren Vorschlag an.

Der Vorschlag ist einfach der, daß Sie den Chef bitten, alle Beteiligten an einen Tisch zu bitten, um Halbwahrheiten und Nichtigkeiten ein für alle Mal aus der Welt zu schaffen. Der Chef wird diesen Vorschlag mit unterdrückter Überschwenglichkeit annehmen, weil er seine eigene Stärke im Gespräch mit den Handlungspartnern sieht. Mit dieser Vorgehensweise haben Sie den Anstoß dazu gegeben, daß der Chef seine Stärke einsetzt, um ein Problem zu lösen, das allen Beteiligten sauer aufstößt.

Dieses Beispiel habe ich nicht von ungefähr gewählt, weil ich als Unternehmensberater selbst im Rahmen einer sogenannten „Klima-Analyse" aufgefordert war, die Effektivität eines Kantinenunternehmens wiederherzustellen.

Nach vielen Gesprächen hatte ich eigentlich nicht mehr viel zu tun: Die Mitarbeiterin, die sich selbst angeboten hatte, dem Chef den Vorschlag einer Generalaussprache zu machen, hat mir letztendlich die Arbeit abgenommen.

Es geht über die Vorstellungswelt eines jeden normalsterblichen Unternehmensberaters, was — und mit welchen sprachlichen und nichtsprachlichen Mitteln — in dieser Sitzung zutage gekommen ist. Das Entscheidende aber war, daß sich Chef A mit seiner Fähigkeit, den Mitarbeitern zuzuhören und sich auf den jeweiligen Gesprächspartner einzustellen, so souverän und zielgerichtet verhalten hat, daß er seine Position als Vorgesetzter in den Augen aller verstärken konnte. Daß der Konfliktfall behoben werden konnte, ist eigentlich keiner Erwähnung wert – schon eher, wie er behoben wurde.

Stellen Sie sich einmal vor, man hätte versucht, das gleiche Ergebnis über die Schwächen des Vorgesetzten zu erzielen.

Seine Schwäche – Sie erinnern sich – ist die strikt leistungsorientierte Verhaltensweise. Er wäre sicherlich an der Aufgabe gescheitert, aus seinem Mitarbeiter-Team diejenigen zu identifizieren und zu entlassen, die den Leistungsanforderungen des Betriebes nicht gerecht werden – ganz abgesehen davon, daß dies überhaupt nicht die Problemstellung war.

Nach meinen letzten Informationen ist die Kantinen-Mannschaft immer noch leistungsbereit wie eh und je – sie erfreut sich auch weiterhin Ihres Chefs.

Dieses Beispiel zeigt eindeutig, daß es fast immer sinnvoller ist, die Stärken eines Chefs ,,auszunutzen'', um den eigenen Wunsch – etwa nach einem intakten Betriebsklima – zu verwirklichen.

Noch ein kurzes Wort zum Begriff der ,,Klima-Analyse''. Das Klima in einem Betrieb wird immer von den Menschen, die für den Betrieb arbeiten, geschaffen. Dabei gibt es keine Ausnahme für Arbeiter, Angestellte, Abteilungsleiter oder Vorstandsvorsitzende. Alle – ohne jede Ausnahme – tragen zum ,,Klima'' bei, positiv und negativ.

Meine Kollegen und ich haben die Erfahrung gemacht, daß die meisten Schwierigkeiten in einem Unternehmen nicht durch produktionstechnische oder organisatorische Probleme entstehen, sondern durch die Art und Weise, wie Menschen miteinander umgehen. Es ist daher für uns immer sehr schwer, einen Vorstand oder einen Inhaber davon zu überzeugen, daß ein gut geführtes Unternehmen in erster Linie auf zufriedenen Mitarbeitern basiert.

Zufriedene Mitarbeiter lassen sich aber nur dann zu einer der Säulen eines Unternehmens aufbauen, wenn sie die Möglichkeit haben, aktiv in die Geschehnisse des Betriebes einzugreifen.

Aktiv bedeutet in meinen Augen, daß man für die eigene Situation etwas verändern und vielleicht sogar verbessern will. Wer nichts verbessern will, handelt negativ und zerstörerisch.

Ich gehe sogar noch einen Schritt weiter mit meiner Behauptung: Alle Mitarbeiter, die nicht den Wunsch haben, an der eigenen Situation etwas zu verändern, sind beruflich eigentlich schon gestorben – nur wissen es die meisten nicht einmal.

Kehren wir zum Alltag zurück.

Mit Ihrer Kenntnis über Persönlichkeitsstrukturen und mit Ihren alltäglichen Beobachtungen haben Sie jetzt ein genaues Bild von den Stärken und Schwächen Ihres Vorgesetzten. Das versetzt Sie in die Lage, in Zukunft *bewußt* anders zu agieren und zu reagieren als bisher. Ich verkneife mir bewußt die Schreckensbilder einer Anti-Pickel-Reklame, die mit der Illusion eines Vorher-Nachher-Vergleichs arbeitet. Aber eines ist ganz sicher:

Wenn man sein eigenes Verhalten ändert, werden die Arbeitsbedingungen nachher anders sein als vorher.

> *Beispiel*
>
> Eine Computer-Vertriebs-Firma hatte in einer ihrer Filialen über eine längere Zeit akuten Personalmangel. Gesucht wurden per Anzeige immer nur junge, dynamische Mitarbeiter, die auch einmal bereit wären, länger als einen 8-Stunden-Tag zu arbeiten. Bei dieser Firma haben sich diese Leute dann auch zu Hauf beworben. Ausgewählt wurden die Bewerber, die dem aufgesetzten Image: Dynamik = Hektik = Chaos entsprachen. Die waren wirklich alle so!
>
> Dann wurde ich als Unternehmensberater eingeschaltet und empfahl der Filial-Leitung eine Dame, die überhaupt nicht dem selbstgewählten Image entsprach. In diesem Fall ist es gelungen, den Nord-Süd-Konflikt für das Unternehmen zu nutzen: Die Bewerberin für den Empfang und für die Telefonzentrale stammte aus einem Dorf bei Rosenheim und hatte alle fachlichen Voraussetzungen für die zu besetzende Position: in Hamburg!

Ich bin ja nun wirklich kein Mensch, der seine Zeit mit unnützen Telefonaten verbringt – aber eines habe ich mir nicht nehmen lassen: Ich habe mindestens fünfmal in Hamburg angerufen, um mich einfach zu erkundigen, ob sie sich bei ihrer Tätigkeit immer noch wohl fühlt.

Es hat sich in Hamburg Gigantisches getan. Man wurde ohne Hektik begrüßt, wurde ohne Chaos an die gewünschte Stelle vermittelt – die Leute an der gewünschten Stelle waren ganz anders als vorher, man konnte Termine ausmachen, die dann auch eingehalten wurden, etc.

Eine einzige Person hatte in diesem ,,Laden" für eine Atmosphäre gesorgt, die sowohl bei den Kunden als auch bei den Führungskräften und Mitarbeitern zur immer schon angestrebten Effektivität beigetragen hat. Da hieß es dann plötzlich: „Jo mei, san's so guat – wenn's a bisserl wart'n kannt'n..." statt „Nein – jetzt ist der Herr X nicht zu erreichen". Diese Episode macht deutlich, wieviel man als Einzelperson in einem Unternehmen erreichen kann – auch wenn man sich mit seiner Position nicht gleich zum halben Management zählt.

Gestatten Sie mir an dieser Stelle einen kurzen Seitenhieb. Es gibt nichts Schlimmeres als Lohnabhängige, die sich nach einer gewissen Zeit der Pflichterfüllung in der Rolle des Chefs für andere sehen, die auf der gleichen Hierarchiestufe stehen. Das sind die Leute, die als Sklaven andere Sklaven mißhandeln durften, die als Blockwart die Mieter im eigenen Haus denunziert haben, und die aus parteipolitischen Gründen mit den anderen einfach nicht mehr reden wollten.

Machen Sie sich also immer klar, wer Ihnen etwas mit welcher Berechtigung „befehlen" will.

Wenden wir uns nach diesem negativen Seitenhieb wieder den positiven Möglichkeiten in Ihrem Arbeitsleben zu. Mit dem Wissen über Ihre eigene Persönlichkeitsstruktur und mit der Kenntnis über die Hauptkomponente Ihres oder Ihrer Vorgesetzten haben Sie ein Instrument in der Hand, das Sie befähigt, selbst aktiv zu werden, wenn Sie in Ihrem Betrieb etwas positiv für sich selbst und andere erreichen wollen.

Damit Ihre Bemühungen auch den gewünschten Erfolg zeigen, sollten Sie einige Regeln unbedingt beherzigen:

- versuchen Sie nie, über die Schwächen eines Vorgesetzten zum Ziel zu kommen;
- resignieren Sie nicht nach einem mißlungenen ersten Versuch;
- streben Sie immer sofort nach Ihrem übergeordneten Ziel — Teilerfolge ergeben sich dann meist von selbst;
- formulieren Sie Ihre Wünsche und Interessen so präzise und verständlich wie möglich;
- besprechen Sie sich mit Kolleginnen und Kollegen, und versichern Sie sich der Rückendeckung.

Diese Regeln sind sicher sehr nützlich — aber auch überflüssig, wenn man nicht weiß, wie man sie in der Praxis bei unterschiedlichen Gesprächs- und Handlungspartnern anwenden soll. Das erinnert mich immer an hochgelobte und auch teure Management-Seminare, die nach fünf Tagen härtester Arbeit zu dem Schluß kommen: ,,So — ab sofort sind wir dynamisch''; ,,Jetzt wollen wir mal den kooperativen Führungsstil pflegen'' oder ,,Die Arbeit positiv zu sehen, kann nie schaden''. Was in der Seminarzeit regelmäßig zu kurz kommt, ist die Beantwortung der Frage:

Wie mache ich das denn?

Ihnen soll es besser ergehen als den Tausenden von zunächst euphorischen Seminarteilnehmern, die am Sonntag noch ihrer Frau vorschwärmen, wie wichtig es ist, mit den Mitarbeitern kooperativ umzugehen — die am Montag dann in ihrem Chefsessel sitzen und sich fragen, wie man dieses heere Ziel wohl in die Praxis umsetzen könnte.

Dabei muß man zwangsläufig wissen, mit wem man es eigentlich zu tun hat. Mit anderen Worten: Nicht jede der nachfolgend aufgelisteten Verhaltensweisen ist in jeder Situation und jedem Gesprächspartner gegenüber angebracht. Im Gegenteil: Jede Verhaltensweise kann Ihrem Ziel schaden, wenn Sie Ihren Chef von der Persönlichkeitsstruktur her falsch eingeschätzt haben (keine Sorge, das üben wir noch).

Nutzen Sie die Stärken Ihres Chefs, indem Sie sich bewußt einiger Verhaltensweisen bedienen, die seinem Naturell entsprechen oder ihm zumindest nahekommen.

Bei einem Chef mit einer starken G-Komponente

- untermauern Sie jeden Vorschlag mit Zahlen, Daten und Fakten;
- lassen Sie den Chef unter allen Umständen bei seinen Ausführungen zu Ende reden;
- vermeiden Sie Modewörter wie ,,super", ,,klasse", ,,affengeil" usw.;
- bereiten Sie sich auf jedes vorher geplante Gespräch gründlich vor;
- erarbeiten Sie vorweg alternative Lösungsvorschläge, wenn es sich um einen Konfliktfall handelt;
- stellen Sie bei den täglichen Routinekontakten zu Ihrem Chef Emotionen in den Hintergrund;
- überlassen Sie dem Chef den Aufbau eines persönlichen Kontakts.

Bei einem Chef mit einer starken A-Komponente

- drücken Sie sich so klar und präzise wie möglich aus;
- widersprechen Sie ihm ruhig, wenn Sie völlig anderer Meinung sind;
- sorgen Sie dafür, daß auf Ihrem Schreibtisch Ordnung und Übersichtlichkeit herrschen;
- nehmen Sie alle Aufgaben, die er Ihnen zutraut, an;
- machen Sie nur dann Einwände oder äußern Sie nur dann Bedenken, wenn es unbedingt notwendig ist;
- stellen Sie W-Fragen, wenn Ihnen etwas unklar ist (wer, wann, wo, warum, wie);
- loben Sie Ihren Chef, wenn er sich für Sie persönlich eingesetzt hat;
- überlassen Sie ihm die Probleme, die Sie selbst nicht lösen können;
- geben Sie unumwunden zu, wenn Sie einen Fehler gemacht haben.

Bei einem Chef mit einer starken E-Komponente

- nehmen Sie sich so viel Zeit für Gespräche, wie Ihr Chef das wünscht;
- schließen Sie sich bei außerbetrieblichen Ereignissen nicht aus;
- vermeiden Sie Hektik und unangebrachte Betriebsamkeit;
- halten Sie Versprechungen auf jeden Fall ein;
- äußern Sie ohne Scheu Ihre Gefühle;
- beziehen Sie Ihren Chef in die Lösung gravierender persönlicher Probleme ein;
- halten Sie bei Gesprächen unbedingt den Blickkontakt.

Hört sich gut an – oder?

Hinderlich ist eigentlich nur die Tatsache, daß man als der sogenannte „kleine Mann" auch noch etwas tun muß, damit die Chefs so werden, wie man sie gerne hätte. Leider geht das nicht anders.

Beziehungen zwischen zwei Personen lassen sich nur dann verbessern, wenn beide Personen aktiv dazu beitragen.

Daß dies eine psychologische Binsenweisheit ist, bestätigt der Berufsstand der Eheberater. Ohne die Erkenntnis, daß Probleme, Konflikte und Krisen in einer Partnerschaft *nie* nur von einem Beteiligten bewältigt werden können, geht in einer krisengebeutelten Partnerschaft für die Zukunft gar nichts.

Ihr Verhältnis zu Ihrem Chef ist so etwas wie eine Partnerschaft, in der jeder vom anderen bestimmte Leistungen verlangt. Dabei ist die Arbeitsleistung die eine Sache, die andere spielt sich im zwischenmenschlichen Bereich ab.

> *Beispiel*
>
> Die Sekretärin „der ersten Stunde" war von Anfang an in den Chef eines privatwirtschaftlich geführten wissenschaftlichen Instituts verliebt. Dieser Institutsgründer hatte nicht nur Erb-Geld, sondern sah auch noch gut aus.
>
> Ich habe verfolgen können, wie sich die Sekretärin über Jahre hinweg mindestens sechs Beine ausgerissen hat, um alle Probleme für ihren Chef zu bewältigen. Das ging sogar so weit, daß sie sich medizinische Urteile nach einem Zahnarztbesuch des Chefs erlaubte: „Da hätte er aber nicht bohren müssen!"
>
> Zur Beurteilung dieser Konstellation muß man wissen, daß der hier beschriebene Chef ein stark ausgeprägter G-Typ, die Sekretärin eine stark ausgeprägte E-Typin war. Die Bemerkung über die „peinigende" Behandlungsmethode des Zahnarztes hat beim Chef nur ein verständnisloses Kopfschütteln hervorgerufen.

Dies ist insofern nicht weiter verwunderlich, als mit dieser Bemerkung für eine liebende E-Sekretärin überhaupt keine Chance bestand, bei einem zahnarztgeplagten G-Typen als Chef die Botschaft „Mir tut es weh, wenn man Dir weh tut" an den Mann zu bringen. Bei einem Chef mit einer stark ausgeprägten E-Komponente wäre das aller Wahrscheinlichkeit nach gelungen. Es kommt also nicht nur darauf an, daß man etwas sagt, sondern vor allem darauf, wem und wie man etwas sagt.

Der Vorteil Ihrer Kenntnis über Persönlichkeitsstrukturen liegt darin, daß Sie in Zukunft wesentlich besser beurteilen können, welche Bemerkung welchem Chef gegenüber in welcher Situation angebracht ist – oder auch nicht.

Dabei ist es immer notwendig, die Persönlichkeitsstruktur des Gesprächs- oder Handlungspartners in die Verwirklichung der eigenen Ziele mit einzubeziehen. Die oben beschriebene Sekretärin hätte in Kenntnis der starken G-Komponente ihres Chefs sicher besser daran getan, ihr Mitgefühl durch eine Bemerkung wie ,,Jetzt kommen Sie schon zum dritten Mal mit Schmerzen von einer Behandlung zurück – haben Sie schon einmal daran gedacht, den Arzt zu wechseln?'' zu äußern. Bei allem, was zwischen Menschen passiert, sind immer zwei Ebenen der Kommunikation im Spiel. Die eine Ebene ist dem Transport von Informationen vorbehalten. Diese sogenannte *Inhaltsebene* umfaßt den reinen Informationsaustausch. Typische Beispiele für die Inhaltsebene sind:

,,Wie spät ist es?'' – ,,Halb fünf!''
,,Wo ist die Akte Schmitz?'' – ,,Auf Ihrem Schreibtisch.''
,,Wer wird Abteilungsleiter für Frau Krause?'' – ,,Frau Held.''

Wenn jegliche Kommunikation im Berufsleben auf der Inhaltsebene stattfinden würde, gäbe es keine Probleme. Der eine sagt etwas – der andere versteht es. Der eine fragt – der andere antwortet. Bei Nichtverstehen wird eben nachgefragt, es werden Zusatzinformationen gegeben – man tauscht Informationen aus, bis Unklarheiten beseitigt sind.

Das ist die Kurzbeschreibung einer Computer-Arbeiter-Welt. Gott sei Dank – noch bedienen sich die Menschen nur des Computers, noch arbeiten Menschen miteinander. Diese Menschen haben Gefühle, die sich in Machtstreben, Neid, Egoismus, Liebe und Verachtung auswirken können. Das Erleben positiver oder negativer Gefühle macht die Kommunikation schwieriger, weil neben dem rein inhaltlichen Aspekt der Kommunikation auch noch der *Beziehungsaspekt* hinzukommt.

Nehmen wir nur einmal die schlichte – vermeintlich inhaltliche – Frage: ,,Wie spät ist es?"

Beim Chef eines Warenhauses, der jeden Morgen die unpünktlichen Mitarbeiter am Eingang abfängt, wirkt diese Frage sicher anders als von einem Passanten, der nur wissen will, ob seine Uhr noch richtig geht. Der Chef fragt nicht danach, wie spät es ist, er gibt dem Mitarbeiter zu erkennen, daß es ihm stinkt, wenn man zu spät zur Arbeit erscheint.

Je nachdem, welchen Ton der Chef anschlägt, kann diese Frage auch bedeuten, daß man im Wiederholungsfall mit Konsequenzen zu rechnen hat, daß die wiederholten Verspätungen jetzt in der Personalakte notiert werden, daß der Chef selbst unter Druck steht, weil er sich unpünktliche Mitarbeiter nicht leisten kann, etc.

Eine schlichte Frage ist also in vielen Fällen eben nicht nur ein schlichter Wunsch nach Information – immer spielen persönliche Wünsche, Interessen und Ziele eine mitentscheidende Rolle.

Bei Menschen, die beruflich – oder auch privat – länger miteinander zu tun haben, spielt neben dem inhaltlichen Aspekt der Kommunikation die Beziehung zum Gesprächs- oder Handlungspartner eine entscheidende Rolle.

Die Werbebranche lebt von Informationen auf der Beziehungsebene. Wenn beispielsweise drei Lebensversicherungen gleich schlecht in der Rendite sind, wird die Gesellschaft am meisten Abschlüsse tätigen, die dem zukünftigen Versicherungsnehmer klarmachen kann, daß man dem Nachbarn Kirschkerne in den Nacken spucken darf und trotzdem eine Allianz fürs Leben gefunden hat. Eine Zahnpasta, die einfach nur wirkt, hat keine Chance, vom Verbraucher akzeptiert zu werden, wenn sie nicht ,,medizinisch getestet'' zumindest auch gegen Karies oder Zahnstein wirkt. Auch in diesem Bereich spielt die Beziehungsebene der Kommunikation eine wesentlich wirksamere Rolle als die inhaltliche.

Im Berufsleben sind die inhaltlichen Aussagen des Chefs von denen mit Beziehungscharakter nicht immer leicht zu unterscheiden. Ein Chef, der plötzlich erkennt, daß seine Sekretärin fehlerlos schreibt, muß nicht gleich einen Heiratsantrag gemacht haben. Gehen Sie also bei der Beurteilung von verbalen Äußerungen Ihres Chefs immer von Ihrer Kenntnis der Persönlichkeitsstruktur aus.

Sie werden erfahren, wo der Vorgesetzte seine Aufgabe sieht, und wie er gedenkt, die Aufgaben optimal zu bewältigen. Aus dem Zusammenwirken von Inhalts- und Beziehungs-Aspekten der Kommunikation können Sie mehr über Ihren Chef erfahren, als er möglicherweise von sich selbst weiß.

> *Beispiel*
>
> Ein G-Chef sagt Ihnen: „Wenn wir weiterhin Erfolg haben wollen, sollten wir eine neue Verkaufsstrategie entwickeln".

Diese Aussage hat auf der inhaltlichen Ebene den Aspekt der Zukunftsplanung und der Absicherung des beruflichen Erfolgs – auf der Beziehungsebene sagt dieser Chef aus, daß er Sie für befähigt hält, bei dieser wichtigen Aufgabe mitzuwirken. Im Klartext: „Mit Ihnen an meiner Seite sehe ich zuversichtlich in die Zukunft".

> *Beispiel*
>
> Ein A-Chef sagt Ihnen: „Das ist die Post von heute – entscheiden Sie selbst, was wichtig ist."

Vom Inhalt her hat Ihnen der Chef die Aufgabe gegeben, sich um die Post zu kümmern. Auf der Beziehungsebene sagt er Ihnen sehr deutlich, daß Sie höchstes Vertrauen genießen – Sie werden schon wissen, was für ihn und den Betrieb Vorrang hat.

> *Beispiel*
>
> Ein E-Chef sagt zu Ihnen: „Am liebsten wäre es mir, wenn Sie am Wochenende die Betreuung der Gäste übernehmen könnten."

Inhaltlich bedeutet das, daß für Sie wieder einmal ein Wochenende ,,im Eimer" ist. Von der Beziehungsebene her bedeutet diese Aussage, daß sich der Chef keine andere Person vorstellen kann, die besser mit Gästen umgehen kann.

Bei einem Chef mit einer starken E-Komponente in der Persönlichkeitsstruktur beruht diese Äußerung mit Sicherheit auf den positiven Erfahrungen, die er mit verschiedenen Personen bei der Gästebetreuung gemacht hat.

Bei allem, was Sie oder Ihre Vorgesetzten sagen, ist es von entscheidender Bedeutung, wie Ihre Beziehung zum Gesprächs- oder Handlungspartner aussieht. Wenn es Ihnen nicht gelingt, Ihren Chef mit seiner – möglicherweise völlig anderen – Persönlichkeitsstruktur zumindest zu akzeptieren, können Sie auf der inhaltlichen Ebene versuchen, was Sie wollen: Sie werden immer scheitern.

> *Beispiel*
>
> Der Juniorchef eines mittelständischen Unternehmens in der Möbelproduktion sah sich immer schon eher als Künstler denn als Handwerker. Sein Vater – der Firmengründer – hatte vor fünf Jahren den Betrieb abgegeben und bis vor ein paar Monaten noch mit Rat und Tat ausgeholfen. Das genau war der Zeitraum, in dem ich die beiden – pardon: die drei – kennenlernte. Die Dritte war die langjährige Sekretärin des Seniors, die der Junior natürlich wegen der langjährigen Verdienste weiterbeschäftigen sollte.
>
> Wie das Leben so spielt, verlor der Junior innerhalb von vier Wochen eine sehr gute Sekretärin durch Kündigung. Beide hatten versäumt, sich intensiv um die Persönlichkeit des anderen zu kümmern.
>
> Die Sekretärin hielt ihren neuen Chef für einen künstlerischen Spinner, der Junior ging jedesmal auf die Palme, wenn er mit unwichtigen Kleinigkeiten aus der Praxis belästigt wurde. Die Sekretärin mit den für die Gründerzeit sicherlich sehr wichtigen Eigenschaften einer A-Typin, sieht sich plötzlich einem Chef gegenüber, der über das Tagesgeschehen hinaus an Dingen arbeitet, die möglicherweise erst in Jahren Erfolg haben werden.

Arbeitsplatzwechsel oder Wechsel in der Führungsverantwortung bringen häufig solche Anpassungsprobleme mit sich. Man kann einfach nicht verstehen, daß das, was bisher richtig war, bei einem anderen Chef nun völlig falsch sein soll.

Im oben beschriebenen Beispiel konnte ich die Konfrontation, die sich durch das Aufeinandertreffen verschiedener Persönlichkeitsstrukturen ergeben hatte, gerade eben noch abwenden. Ein ausführliches Gespräch ergab, daß auch stark ausgeprägte A-Typen durchaus mit stark ausgeprägten G-Typen gut zusammenarbeiten können, wenn man die Ziele und die Verhaltensweisen des jeweils anderen versteht und akzeptiert. Die Lösung war ganz einfach: Die Sekretärin erhielt einen erweiterten Verantwortungsbereich für das ,,Tagesgeschäft", der Juniorchef erklärte sich bereit, frühzeitig und umfassend über seine Zukunftspläne zu informieren.

Beide hätten ,,verloren", wenn sie versucht hätten, die vermeintliche Schwäche des Handlungspartners auszunutzen, um die eigentlichen, persönlichen Ziele zu verwirklichen. Dem Chef (ein G-Typ) wurde unterschwellig Entscheidungsschwäche vorgeworfen, der Sekretärin (ein A-Typ) Aktionismus und Hektik.

,,Bekehrungsversuche" wären gescheitert: Man kann einen zukunftsorientiert denkenden und ebenso handelnden Chef nicht in einen reaktionsschnellen Tages-Macher umerziehen, genausowenig, wie man eine tatendurstige und entscheidungsfreudige Sekretärin in ein geduldiges Hascherl umwandeln kann. Wann immer es Schwierigkeiten im beruflichen Zusammenleben gibt, beschränken sich die Möglichkeiten für eine Normalisierung im Prinzip auf zwei psychologische Notwendigkeiten:

1. den Gesprächs- und Handlungspartner so zu akzeptieren, wie er ist, und
2. persönliche Ziele über die Stärken – und nicht über die Schwächen – des Handlungspartners zu erreichen.

Eine – zugegebenermaßen unvollständige – Liste über Persönlichkeitsmerkmale, die man vorwiegend bei unterschiedlichen Strukturen findet, mag Ihnen einen Anhaltspunkt dafür liefern, wo Sie bei Ihren Vorgesetzten ansetzen könnten und bei welchen Eigenschaften Verbesserungswünsche Ihrer beruflichen Situation sinnlos sind.

Mißerfolge kann ich Ihnen garantieren, wenn Sie die Schwächen Ihres Vorgesetzten „ausnützen" wollen!

Schwächen

G-Typ	A-Typ	E-Typ
Umständlichkeit	Oberflächlichkeit	Unsachlichkeit
Entscheidungsschwäche	Egoismus	Gefühlsduselei
Ironie/Sarkasmus	Sprunghaftigkeit	Schwätzer
Perfektionismus	Vergeßlichkeit	Sentimentalität
Gefühlskälte	Inkonsequenz	Zurückhaltung
Realismus	Ungeduld	Kein Ehrgeiz
Unflexibilität	Erregbarkeit	Kleinigkeitskrämer
Einseitigkeit	Hektik	Geber-Natur
Berechnung	Karrieretyp	Ehrlichkeit
Zukunftsorientiertheit	Gegenwartfixiertheit	Vergangenheitsgebundenheit

Diese Auflistung ist keine Beleidigung Ihrer Persönlichkeitsstruktur, sondern eine realistische Einschätzung, wie Sie von anderen Personen gesehen werden könnten. Daß man einen G-Typen nicht gerade erheitert, wenn man ihm Umständlichkeit vorwirft, ist klar. Daß dem A-Typen vorgeworfen wird, sich zu sehr um die eigene Karriere zu bemühen, kann er einfach nicht verstehen, ein E-Chef mit einem gesunden Maß an Ehrlichkeit wird sauer, wenn man ihm die Ehrlichkeit auch noch vorwirft.

Die Träger dieser vermeintlichen Schwächen sehen in ihren Schwächen eher Stärken – als Schwäche werden individuelle Persönlichkeitsmerkmale immer nur von anderen gesehen. Denken Sie einfach um:

In jeder Schwäche stecken auch Stärken – es ist nur die Frage, ob man das auch so sehen will.

Erfolge kann ich Ihnen garantieren, wenn Sie die Stärken Ihrer Vorgesetzten und Chefs nutzen, um persönliche Ziele zu erreichen!

Stärken

G-Typ	A-Typ	E-Typ
Zuverlässigkeit	Offenheit	Ehrlichkeit
Rationalität	Spontaneität	Herzlichkeit
Sachlichkeit	Kreativität	Einfühlsamkeit
Genauigkeit	Entscheidungskraft	Vertrauen
Ruhe	Aktivität	Gedächtnisstärke
Realismus	Initiator	Kompromißbereitschaft
Geradlinigkeit	Macher	Toleranz
Konstanz	Flexibilität	Lebenslust
Zukunftsperspektive	Situationsorientierung	Erinnerungsvermögen

Es ist durchaus beabsichtigt, daß bestimmte Eigenschaften sowohl bei den Schwächen als auch bei der Liste der Stärken auftauchen. Das ist keine Besonderheit des Berufslebens, sondern des menschlichen Zusammenlebens überhaupt.

Jede Stärke einer Verhaltensweise kann sich aus der Sicht des Betroffenen irgendwann in eine Schwäche ausweiten. Genauigkeit wird zur Penetranz, Flexibilität zur Unstetigkeit – aber immer aus der Sicht desjenigen, der aus seiner eigenen Persönlichkeitsstruktur heraus ein Urteil wagt.

Wenn Sie in Zukunft bei Ihrem Chef auf die Stärken

setzen, werden Sie in jedem Fall mehr erreichen, als wenn Sie versuchen, die Schwächen auszunutzen.

Warum das so ist, erklärt ein ganz normaler Mechanismus, der Ihnen selbst auch nicht fremd sein sollte:

- Normalerweise tue ich nichts, was ich für unsinnig oder blödsinnig halte;
- Ich verhalte mich so, wie es meiner Persönlichkeitsstruktur entspricht;
- Bei dem, was ich tue oder unterlasse, fühle ich mich in der Regel wohl;
- Ich erwarte von meinen Mitmenschen, daß sie meine Verhaltensweisen akzeptieren;
- Wenn ich Erfolg habe, werde ich meine Verhaltensweisen nicht ändern;
- Ich freue mich dann, wenn ich als Person von anderen akzeptiert werde.

Wenn Sie mit mir der Meinung sind, daß Ihre Vorgesetzten und Chefs auch Menschen sind, sollten Sie ihnen auch den Zusammenhang zwischen Erleben und Verhalten zubilligen.

Kapitel 11:
Erleben und Verhalten –
eine schwierige Kombination

Es ist einfach, einen Chef danach zu beurteilen, was er gemacht oder was er gelassen hat, es ist mit der Beurteilung schon schwieriger, wenn es um die Frage geht, warum er etwas gemacht oder gelassen hat, es wird sinnvoll zu ergründen, warum ein Vorgesetzter so handeln mußte, wie er es tat.

Kein Mensch handelt ohne Motive – diese Aussage gilt erst recht in der Arbeitswelt, die manche meiner Kollegen als ,,Dschungel des täglichen Arbeitskampfes'', als ,,Existenzkampf bis aufs Blut'' oder sogar als ,,Krieg der Geschlechter'' interpretiert wissen wollen.
 Das alles ist Quatsch.
 Was sich tagtäglich in der Beziehung zwischen Vorgesetzten und Mitarbeitern abspielt, erinnert an ein gigantisches Mißverständnis: Man glaubt, in Westindien gelandet zu sein, und plötzlich steht man als Entdecker vor Amerika.
 Amerikanische Importe und deutsche Importverwalter haben alle sechs Monate eine neue Verhaltensstrategie auf Lager, die das Zusammenleben zwischen Vorgesetzten und Mitarbeitern besser regeln soll. Zugeständnisse an die Mitarbeiter wechseln dabei ständig ab mit den Forderungen, die Zügel wieder straffer zu ziehen.

Meine Erfahrung spricht dagegen, zu glauben, daß Arbeitnehmer nicht wissen, was innerhalb des Betriebes vor sich geht. Sie können sehr gut einschätzen, ob Vorgesetzte die Bezeichnung „vorgesetzt" überhaupt verdient haben. Ein entscheidendes Kriterium ist dabei die Verhaltensweise gegenüber den sogenannten „Untergebenen". Wer sich als „untergeben" und „unterstellt" fühlt, sollte alle Bemühungen, das Verhältnis zum Chef zu verbessern, spätestens an dieser Stelle begraben. Wer sich als Gesprächs- oder Handlungspartner des Chefs sieht, macht keinen Fehler, wenn er/sie die etwa fünf Millionen Arbeitsminuten, die ein normales Arbeitsleben ausmachen, zur Verbesserung des Zusammenarbeitens und damit des Zusammenlebens nutzt. Nichts ist interessanter, als sich mit Menschen zu beschäftigen, mit denen man sowieso fast täglich zu tun hat.

Jetzt höre ich im Hintergrund ein Aufjaulen aus der Vorgesetztenetage: „Das hat uns gerade noch gefehlt, daß die Mitarbeiter uns in Zukunft auch noch durchschauen." Genau das – meine Damen und Herren Vorgesetzte – ist meine Absicht.

Jeder Vorgesetzte hat das Recht, als Mensch behandelt zu werden. Die Zeiten, in denen man als Bürovorsteher absolut unnahbar zu sein hatte, sind glücklicherweise vorbei. Der Chef von heute rechtfertigt das Mehr an Verantwortung und auch das Mehr an D-Mark durch hohe Qualifikation, durch die Fähigkeit, die eigenen Wünsche mit denen der anvertrauten Mitarbeiter in Einklang zu bringen, und auch mit der Bereitschaft, die eigenen Stärken und Schwächen zu akzeptieren.

Das, was man „natürliche Autorität" nennt, ist nichts weiter als das bewußte Umgehen mit den individuellen Persönlichkeitspotentialen.

Ein Chef mit starken E-Anteilen in seiner Persönlichkeitsstruktur macht sich lächerlich, wenn er versucht, einen typischen A-Chef zu spielen. Ein Chef mit deutlich sichtbaren Anzeichen des Egoismus wird sofort ,,in die falsche Ecke gestellt", wenn er versucht, mit seinen Mitarbeitern von heute auf morgen besonders liebevoll umzugehen.

Echtheit und damit Überzeugungskraft gewinnt man immer dann, wenn die Verhaltensweisen mit den Gefühlen übereinstimmen. Eine betont herzliche Begrüßung wird zum ,,Flop", wenn man die Tante begrüßt, die man am wenigsten leiden kann, kein Redner hält es länger als 10 Minuten durch, die Eröffnung eines Schlachthofes zu bejubeln, wenn er absoluter Vegetarier ist, etc.

Mit Verhaltensweisen sind immer auch Gefühle verbunden – mit Gefühlen sind immer auch Verhaltensweisen verbunden. Die Ehrlichkeit und Echtheit einer Persönlichkeit zeigt sich darin, daß Erleben und Verhalten einer Person keine Diskrepanz aufweisen. Diese Aussage gilt für Sie selbst in gleichem Maße wie für Ihre Vorgesetzten.

Harmonie und Disharmonie spielen sich im Spannungsfeld zwischen Erleben und Verhalten ab. Kein Mensch kann sich *nicht* verhalten. Selbst wenn Sie sich bei einer ausgelassenen Party in die hinterste Ecke verkriechen und die Szene nur beobachten, verhalten Sie sich. Die Gründe für eine solche Verhaltensweise mögen vielfältig sein (Ihr Freund tanzt mit einer anderen, die Leute sind Ihnen zu unsympathisch, oder Sie haben sonst einen Grund) – Motive, Erwartungen, Wünsche sind bei allem, was Sie tun, im Spiel.

Die Beziehung dieser Komponenten kann man so darstellen:

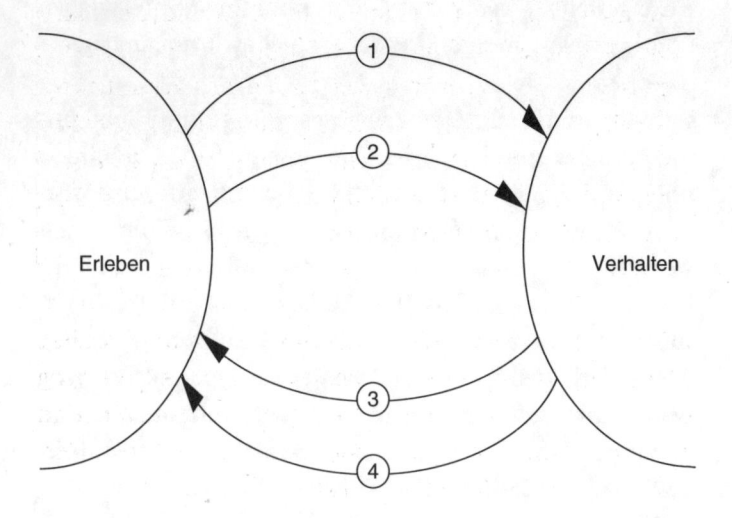

```
        1
Erleben 2           Verhalten
        3
        4
```

Ein Erleben ohne Verhalten gibt es nicht – ein Verhalten ohne Erleben gibt es ebensowenig.

Die Beziehung zwischen den beiden Komponenten läßt sich in vier Grundaussagen zusammenfassen:

1. Mein Erleben steuert mein Verhalten!

In der Graphik oben trägt diese Beziehung die Nr. 1 der Beziehungspfeile.

Jeden Arbeitsmorgen starten Sie zu Ihrer Tätigkeit mit einem positiven oder einem negativen Gefühl. Das hängt davon ab, was Sie erwartet: Sie freuen sich auf einen leergearbeiteten Schreibtisch. Sie erwarten eine neue Aufgabe, der Sie sich noch nicht gewachsen fühlen. Sie befürchten die angekündigten Reklamationen.

Ihr Erleben steuert Ihr Verhalten.

> *Beispiel*
>
> An manchen Tagen kommt es wirklich knüppeldick. Die Kinder nerven früher als sonst, für den Göttergatten ist aus einem unerfindlichen Grund kein Frühstücksei mehr da, die Menschen in der U-Bahn drängeln mehr als sonst – und dann kommt auch noch ein frohgestimmter Chef auf Sie zu und fragt: „Warum sehen Sie denn heute so mißmutig aus?"

Oft kann man sich selbst nicht erkären, warum andere Menschen in der Lage sind, die eigene Gemütsverfassung so treffsicher zu bestimmen. Es liegt an Ihnen selbst! Den Ärger der frühen Morgenstunden zeigen Sie in Ihrem Verhalten – sprachlich oder nichtsprachlich.

Für Vorgesetzte, die Interesse und Gespür für ihre Mitarbeiter aufbringen, ist es sehr leicht zu unterscheiden, ob Sie:

- das Büro lächelnd betreten oder erst einmal kritisch in die Runde schauen;
- ein nettes Wort für die Kollegen übrig haben oder sich sofort in die Akten stürzen;
- gegen Ihre sonstige Gewohnheit am Telefon rein geschäftlich agieren;
- lauter sprechen als sonst.

Verbale und nichtverbale Verhaltensweisen geben Aufschluß über Ihre gegenwärtige Verfassung – die Verfassung ergibt sich aus Ihrem Erleben. Kein Mensch kann von Ihnen verlangen, freundlich zu sein, wenn man Sie kurz zuvor massiv beleidigt hat, kein Chef kann von Ihnen verlangen, daß Sie Tag für Tag mit der gleichen Effizienz die

Interessen des Betriebes verfolgen, ohne das Recht zu haben, Schwankungen im Erlebensbereich auch im beruflichen Alltag zum Ausdruck zu bringen: Gefühle lassen sich nicht ausknipsen wie eine Glühbirne.

Daß das Erleben das Verhalten beeinflußt, hat einen psychologischen Industriezweig hervorgebracht. Das ,,Autogene Training" zum Beispiel basiert auf dieser Erkenntnis. Wenn es mir gelingt, eine positive Grundstimmung bei mir zu erzeugen, werde ich mich auch positiv verhalten. Eine Stärkung des Selbstbewußtseins verursacht selbstbewußtere Verhaltensweisen. Probieren Sie es doch einmal selbst: Stehen Sie mit dem Gedanken auf, daß Ihnen am heutigen Tag im Beruf alles gelingen wird, was Sie sich vorgenommen haben. Nehmen Sie die kleinsten Anlässe als Beweis dafür, daß Sie mit Ihrer positiven Grundeinstimmung richtig liegen.

Da passiert es zum ersten Mal, daß Ihnen der Bus nicht vor der Nase wegfährt, die Blumenfrau am Markt nickt Ihnen ausnahmsweise freundlich zu – und irgendwie erscheint Ihnen der Gesichtsausdruck Ihres Chefs freundlicher als sonst. Die Kleinigkeiten summieren sich zu einem positiven Gesamtbild. In der Psychologie heißt der Fachausdruck für solche Prozesse: ,,Phänomen der sich selbst erfüllenden Prophezeiung".

So hat man herausgefunden, daß ängstliche Autofahrer häufiger in Unfälle verwickelt sind, obwohl sie nachgewiesenermaßen mindestens genauso gut fahren können wie andere. Allein die Angst, es könnte etwas passieren, hat die zum Autofahren notwendigen Verhaltensweisen so negativ beeinflußt, daß man auf die Bremse trat, wenn Gasgeben erforderlich war und umgekehrt.

Auf Ihre Situation am Arbeitsplatz übertragen, bedeutet dies, daß allein durch die positive Einstellung zur Tätigkeit selbst und zu den Menschen um Sie herum Verhaltensweisen gefördert werden, die auf Ihre Vorgesetzten und Kolleginnen/Kollegen positiv wirken.

Die Spirale des Beziehungsgeflechts zwischen Erleben und Verhalten beginnt sich zu drehen und eine Eigendynamik zu entwickeln.

1. Mein Erleben steuert mein Verhalten!
2. Mein Verhalten steuert sein Erleben!

Mit allem, was ich tue, bewirke ich bei meinem Gesprächs- und Handlungspartner zunächst einmal etwas auf der Gefühlsebene. Wie das funktioniert, können Sie sehr leicht herausfinden, indem Sie auf der Straße mit einem freundlichen Gesicht auf einen wildfremden Menschen zugehen und ihm die Hand wie zur Begrüßung eines guten Freundes hinstrecken. Das läuft dann in der Regel so ab: Der fremde Mensch nimmt Sie wahr, bekommt leuchtende Augen, streckt auch Ihnen die Hand entgegen, macht einen Rückzieher, schaut Sie verwundert bis skeptisch an und stammelt dann etwas wie: „Kennen wir uns?"

In 99 von 100 Fällen läuft das so ab – und zwar nur deshalb, weil Sie Ihrem Gegenüber signalisiert haben, daß Sie sich freuen. Wenn Sie Signale setzen, werden Sie immer mit Reaktionen rechnen können.

Die Entscheidung, ob sie positive oder negative Reaktionen bewirken wollen, liegt bei Ihnen – oder sachlicher ausgedrückt: an der Qualität Ihrer Signale.

> *Beispiel*
>
> Bei allen Institutionen und größeren Privatunternehmen, die auf Publikumsverkehr angewiesen sind, hat man schon vor Jahrzehnten Namensschilder der Personen aufstellen lassen, bei denen sich der Bürger oder Kunde Rat und Auskunft holt.
>
> Wenn es mich hin und wieder einmal in eine Meldebehörde oder ins Postgiroamt verschlägt, erstaunt es mich immer wieder, wie wenig von der Möglichkeit Gebrauch gemacht wird, die Person – von der man schließlich irgend etwas will – mit Namen anzusprechen.
>
> Ich habe viele Schlangesteher vor mir scheitern sehen, weil sie den Unterschied zwischen der Bemerkung „Sie müssen mir ein anderes Formular geben" und der Bitte: „Frau Müller, Sie können mir sicher helfen" nicht begriffen haben.

Chef oder nicht Chef – bei allem, was ich für mich selbst erreichen will, muß ich meinen Handlungspartner einbeziehen. Das kann ich natürlich so machen, daß ich ihm zu verstehen gebe, daß ich ihn nur für ein unbedeutendes Rädchen in einer großen Maschinerie sehe. Ich kann mir aber auch die Mühe machen, meinem Gegenüber zu signalisieren, daß sie/er von mir als Mensch zunächst einmal akzeptiert wird. Dazu gehört es selbstverständlich, daß ein Individuum auch einen Namen hat, den man benutzen sollte.

Viele Dinge, die zur Verbesserung der Beziehungen zwischen Menschen führen, sind übrigens von der Ausprägung eines bestimmten Persönlichkeitspotentials völlig unabhängig. Es sind nicht immer nur die Chefs mit einer starken E-Komponente, die mehr Menschlichkeit in der Arbeitswelt wünschen – auch andere Persönlichkeitstypen können starke Wünsche und Interessen in der gleichen Richtung haben, sind aber von der Persönlichkeitsstruktur her nicht in der Lage, den Wünschen auf unkomplizierte Weise Ausdruck zu verleihen.

Bei einem A-Typen hört sich das vielleicht so an: ,,Haben wir gut gemacht – oder?", der G-Typ könnte sich eventuell zur Aussage ,,hinreißen" lassen: ,,Eine Zusammenarbeit in dieser Form könnte zukunftsweisend sein."

Signale sind dazu da, richtig erkannt zu werden!

Sie werden sich die Mühe machen müssen herauszufinden, wer von Ihren Chefs wie und was sagt oder tut.

Beispiel

Begeisterung für ein gutes Fußballspiel ist legitim. Wenn dann noch in der letzten Minute des Entscheidungsspiels ein wunderschönes Tor für den Lieblingsverein fällt, wird man es dem E-Typen nicht übelnehmen, wenn er seinem Tribünennachbarn um den Hals fällt, der A-Typ wird mit seinem Luftsprung und der hochgereckten Faust versuchen, das Stadiondach zu erreichen, der G-Typ klatscht verhalten Beifall. Die Freude ist für alle gleich groß, die verbalen und nichtverbalen Äußerungen jedoch sind grundverschieden.

Auf den ersten Blick könnte sich ein A-Typ über die Reaktionen des G-Typen wundern: „Der kann sich ja nicht mal richtig freuen!"

Die Verwunderung findet jedoch nicht statt, wenn man weiß, daß bei manchen G-Typen ein dezentes Händeklatschen schon der Ausdruck höchster Glücksgefühle ist.

1. Mein Erleben steuert mein Verhalten!
2. Mein Verhalten steuert sein Erleben!
3. Sein Erleben steuert sein Verhalten!

Da Ihr Chef auch nur ein Mensch ist, gelten die gleichen Aussagen, die ich bereits über Ihren Erlebensbereich und über Ihr Gefühlsleben gemacht habe. Kein Chef schreit seine Mitarbeiter völlig gefühllos an, keiner lobt seine Mitarbeiter, ohne nicht selbst ein wenig Stolz zu empfinden. Was Sie sich selbst zugestehen, müssen Sie auch Ihren Vorgesetzten zubilligen.

Darüber hinaus ist es so, daß Chefs oft in einer Situation sind, in der sie zwar Verständnis und Wohlwollen für die Mitarbeiter aufbringen möchten, aber keine Chance haben, diese auch zum Ausdruck zu bringen, weil übergeordnete Firmenstrategien ein bestimmtes Verhalten von ihnen als Führungskräften verlangen.

> *Beispiel*
>
> Die Firmenleitung eines Fliesenfachbetriebes hatte richtigerweise beschlossen, daß alle Mitarbeiter dazu verpflichtet werden, an einem ganzen Paket von Aus- und Weiterbildungsmaßnahmen teilzunehmen. Auch der Abteilungsleiter „Sanitär" war von Anfang an davon überzeugt, daß gut ausgebildete Mitarbeiter gegenüber der Konkurrenz nur von Vorteil sein können. Es gab allerdings ein Problem: Das Problem hieß Josef.
>
> Dieser Josef, dessen Nachnamen kaum einer kannte, war schon seit Jahrzehnten fürs Grobe im Lager zuständig. Wann immer Not am Mann war, wurde Josef an den Ort des Geschehens geschickt. Josef stand kurz vor dem Ruhestand und fühlte sich mit seiner etwas schlichten Intelligenzstruktur pudelwohl. Sein Abteilungsleiter geriet in Panik, weil er nicht wußte, in welchem Seminar er Josef anmelden sollte.
>
> Alle Rücksprachen mit der Firmenleitung waren zwecklos, wenigstens Josef von Fach- und Persönlichkeitsseminaren zu befreien, weil man keinen Präzedenzfall für andere seminarunwillige Mitarbeiter schaffen wollte. Der Abteilungsleiter sah sich also gezwungen, „seinen Josef" an für diesen völlig unnützen Veranstaltungen teilnehmen zu lassen.

Oft sind es schwerwiegendere Einschnitte in das Berufsleben von Mitarbeitern, die der Vorgesetzte vornehmen muß, etwa dann, wenn es darum geht, Arbeitsplätze abbauen zu müssen oder alte Stellen mit besonders qualifizierten Mitarbeitern zu besetzen. Es ist nicht immer leicht, ein Chef zu sein, weil die meisten Chefs wiederum einen Chef haben, der die Vorstellungen seines Chefs in die Praxis umzusetzen hat.

Bevor ich in Lobeshymnen auf Vorgesetzte ausbreche, seien Sie versichert, daß es unter Chefs ebenso viele „miese" Typen gibt wie in allen anderen Berufsbereichen. Menschliche Schwächen und Unzulänglichkeiten sind weder an eine berufliche Position noch an Gehaltsklassen gebunden.

Oft ist es zudem so, daß Vorgesetzte viel mehr Möglichkeiten haben, Fehler zu machen, wenn ihnen die Führungsqualitäten völlig abgehen. Der Normalfall ist der, daß Vorgesetzte auf ihre Mitarbeiter angewiesen sind und daß sie ein ehrliches Bemühen haben, mit Hilfe der Mitarbeiter die wirtschaftliche Funktionalität der Abteilung oder des Betriebes aufrechtzuerhalten. Dazu gehört nicht nur der Anspruch auf Leistung, sondern mindestens im gleichen Maße der Respekt vor den Bedürfnissen und Interessen der Mitarbeiter.

So gesehen geht es Ihrem Chef nicht anders als Ihnen: auch er bewegt sich im Spannungsfeld zwischen Erleben und Verhalten.

1. Mein Erleben steuert mein Verhalten!
2. Mein Verhalten steuert sein Erleben!
3. Sein Erleben steuert sein Verhalten!
4. Sein Verhalten steuert mein Erleben!

Damit ist der Kreis der zwischenmenschlichen Kommunikation geschlossen. Die Verhaltensweisen meines Chefs lösen bei mir ein Erleben aus, das wiederum mein Verhalten steuert, etc.

Sie haben nach diesem Modell zwei Möglichkeiten, positiv auf die Beziehung zu Ihrem Chef einzuwirken:

- Sie verhalten sich so, daß Sie bei Ihrem Chef positives Erleben auslösen;
- Sie machen ihm deutlich, welche seiner Verhaltensweisen bei Ihnen negatives Erleben bewirken.

Es geht für Sie also nicht nur darum, immer nur Wohlverhalten an den Tag zu legen. Als verantwortlicher Gesprächs- und Handlungspartner haben Sie auch die Pflicht, Dinge zu korrigieren, die Ihre positive Einstellung zu Ihrer Tätigkeit stören.

Wir sind damit weit entfernt von der Diener- und Ja-Sager-Generation der Jahrhundertwende, die fast alles geschluckt hat, um den inneren Frieden des Vorgesetzten zu erhalten. Es geht auch um Ihren inneren Frieden!

Häufig sind es nur Kleinigkeiten wie Eigenarten eines Chefs, die einem die Freude an der Arbeit vergällen. Wenn man nicht bereit ist, dagegen etwas zu tun, muß man eben mit der unangenehmen Situation weiterleben. Hört sich brutal an — ist aber so!

> *Beispiel*
>
> Jeden Morgen stürmt der Chef eines Architekturbüros laut und polternd auf die einzige Dame seines Mitarbeiterstabes zu, schüttelt ihr 10 Sekunden länger als gesellschaftlich üblich die Hand und läßt es sich nicht nehmen, jede erdenkliche Kleinigkeit an ihrem Äußeren lobend hervorzuheben.
>
> Von der Frisur, über die Ohrringe bis zur neuen Lippenstiftfarbe hatte die Mitarbeiterin noch alles ohne Kommentar über sich ergehen lassen – bevor er andere Körperregionen in Angriff nehmen konnte, schob die Mitarbeiterin einen Riegel vor. Sie bat um ein Gespräch und machte dem Chef höflich, aber bestimmt klar, daß ihr diese Art von Komplimenten peinlich seien.

Die ,,peinliche" Angelegenheit wurde sofort eingestellt, der Chef ist heute noch nett und zuvorkommend – aber nicht mehr so aufdringlich.

Wenn Sie Verhaltensweisen Ihres Chefs ansprechen, die Sie und vielleicht auch die Kolleginnen/Kollegen stören, wird es Ihnen oft passieren, daß man Ihnen für die Hinweise sogar dankbar ist. Eigenarten werden meist nicht mehr bewußt wahrgenommen: Man hält sich für rhetorisch brilliant und merkt nicht mehr, daß man nach jedem zweiten Wort ein ,,äh" einstreut, man wirft die Unterlagen in der Gegend herum und macht andere Leute für die Unordnung verantwortlich etc.

 Haben Sie keine Angst, Ihrem Chef alles zu sagen, was Sie stört – das Schlimmste, was Ihnen passieren kann, ist, daß er nicht bereit ist, sich zu ändern. Selbst dann haben Sie nichts verloren – es ist eben nach wie vor so wie vorher.

Sie selbst tun sich aber keinen Gefallen, wenn Sie nicht einmal den Versuch unternehmen. Das ständige Schlucken von unangenehmen Situationen soll bei manchen Menschen schon zu Magengeschwüren geführt haben. Das oder ähnliches wird Ihnen kein Chef wünschen.

Sorgen Sie in Ihrem Arbeitsumkreis also dafür, daß Ihr positives Erleben nicht beeinträchtigt wird. Wenn Sie aktiv die Weichen stellen, ist die Erleben-Verhalten-Kombination keine ,,verflixte'' mehr, sondern eine ,,segensreiche''.

Kapitel 12:
Ohne Fleiß kein Preis

Bei allem, was Sie in der Arbeitswelt bewirken wollen, müssen Sie wissen, mit wem oder gegen wen Sie Ihre Vorstellungen und Interessen verwirklichen oder auch durchsetzen wollen.

Erinnern Sie sich:

Es gibt keine weißen Kaninchen aus dem schwarzen Hut – mit anderen Worten, es gibt keine Patentrezepte, die auf jeden und für jeden zutreffen.

Es führt kein Weg daran vorbei, daß Sie sich die Mühe machen, den Chef in seiner Persönlichkeitsstruktur zu erkennen. Erst dann können Sie geeignete Methoden entwickeln, ,,chefgerecht" zu handeln.

Diese Vorgehensweise hat überhaupt nichts mit Anpassung zu tun – eher mit legitimer Strategie und Taktik. Schließlich geht es um Ihr Wohlbefinden – und die Sorge um Ihre Zufriedenheit und innere Ausgeglichenheit nimmt Ihnen keiner ab. Das Sich-Einstellen auf den Handlungspartner kann also nur von Nutzen sein.

Sie haben sich selbst in Ihrer Persönlichkeitsstruktur erkannt, haben auch einige Hinweise darauf erhalten, wie unterschiedlich ,,andere Leute" strukturiert sein können. Jetzt kommt es darauf an, wie sicher Sie bereits in der Beurteilung Ihrer Gesprächs- und Handlungspartner sind.

Vorabinformation

Meiner Erfahrung nach verteilen sich die unterschiedlichen Persönlichkeitskomponenten etwa drittelweise im deutschen Sprachgebiet, d.h., Sie müssen damit rechnen, daß Sie mit etwa gleicher Häufigkeit mit G-, A- oder E-Chefs zu tun haben. Bitte vergegenwärtigen Sie sich noch einmal, daß wir bei einem X-Typen lediglich davon sprechen, daß die X-Komponente die am stärksten ausgeprägte ist. Die Y- oder Z-Komponente tritt dagegen mehr oder weniger in den Hintergrund, ist aber trotzdem in unterschiedlicher Ausprägung vorhanden.

Für Sie ist es wichtig, einmal die Hauptkomponente Ihres Chefs festzustellen, und dann – mit etwas Übung – auch noch die Ausprägungsgrade der anderen Komponenten abzuschätzen. In einer normalen körperlichen, geistigen und seelischen Verfassung wird ein Mensch immer aus seiner am stärksten ausgeprägten Komponente heraus agieren und reagieren. Mit dem Verhaltensbündel – gleich, welches es auch sein mag – hat man die besten Erfahrungen gemacht, hat sie sich bestätigen lassen, hat sie weiterentwickelt. Auch Ihr Chef hat Verhaltensmuster erfahren müssen, die gut oder schlecht für ihn waren. Nach diesen Erfahrungen richtet er sein heutiges Verhalten aus.

Gehen Sie davon aus, daß nicht alle Vorgesetzten die gleiche Persönlichkeitsstruktur aufweisen wie Sie selbst. Wäre das der Fall, gäbe es kaum Schwierigkeiten im menschlichen Zusammenleben, weil der eine die Verhaltensweisen des anderen verstehen oder zumindest nachvollziehen könnte.

Beim weiblichen Teil der Bevölkerung ist die E-Komponente der Persönlichkeitsstruktur etwas stärker vertreten als beim männlichen Teil. Diese Aussagen beziehen sich auf meine langjährigen Erfahrungen aus dem alten Teil der Bundesrepublik (für eine Bewertung inklusiv der Neuen Bundesländer fehlen mir noch aussagekräftige Erhebungen). Offenbar wirkt bei der Persönlichkeitsentwicklung von heranreifenden Frauen immer noch das Klischee der Mutter am Herd, der Beschützerin und der Sorge um die Kindererziehung mit – ein weiterer Beweis dafür, daß sich Persönlichkeiten entwickeln und nicht einfach als Begleitpaket vom Storch mitgeliefert werden.

Arbeiten Sie im Norden, müssen Sie damit rechnen, daß Sie überdurchschnittlich häufig auf Chefs mit einer stark ausgeprägten G-Komponente treffen werden – eine Folge der hanseatischen Erziehung, die Werte wie Zurückhaltung, Sachlichkeit und Zukunftsplanung bevorzugt. Im rheinischen Raum findet man überdurchschnittlich viele A-Typen – Ausdruck der dort kultivierten Lebensfreude, der Spontaneität und des Temperaments. Je weiter man in den Süden kommt, muß man in überdurchschnittlichem Maße mit Chefs rechnen, die eine stark ausgeprägte E-Komponente in ihrer Persönlichkeitsstruktur aufweisen.

Von der Qualifikation eines Vorgesetzten in Verbindung mit einer bestimmten Persönlichkeitskomponente sind mir keine gesicherten Erkenntnisse bekannt. Jede Persönlichkeit hat die gleiche Chance, einen befähigten Chef abzugeben – nur die Verhaltensweisen, die einen erfolgreichen Chef erfolgreich machen, sind unterschiedlich.

Und genau darum geht es im nachfolgend beschriebenen Fallbeispiel.

Sie lernen fünf Chefs kennen, die alle in ihrer Art erfolgreich sein müssen, weil sie sonst nie zu einer Redaktions-Konferenz zusammengetroffen wären.

Fall: Zeitungs-Macher

Ausgangslage

Eine Tageszeitung lebt davon, aktuell und up-to-date zu sein. Das betrifft nicht nur das äußere Erscheinungsbild und die Güte der Informationsquellen. Es geht auch darum, den sich wandelnden Leserinteressen und modernen Darstellungsformen Rechnung zu tragen. In unserem Fall ist das Management der Zeitung insofern „am Puls der Zeit", als es die verantwortlichen Redakteure regelmäßig zu einer Ideen-Findungs-Konferenz verpflichtet.

Bei diesen Zusammenkünften soll es darum gehen, wie und in welchem Ausmaß das Informationsbedürfnis der Leser befriedigt werden soll. Alle verantwortlichen Redakteure vertreten dabei natürlich die Interessen der Leser, die einen bestimmten Teil des Informationsangebotes bevorzugen.

Aus irgendeinem Grund sind bei den routinemäßigen Redakteur-Konferenzen nur die Verantwortlichen aus Politik/Wirtschaft, Sport, Kultur, Reise und Freizeit und Lokales anwesend. Damit Sie sich ein plastisches Bild von den beteiligten Personen machen können, stelle ich sie Ihnen kurz vor:

Frau Wirt (verantwortlich für Politik/Wirtschaft)

Sie ist die verantwortliche Redakteurin, die am längsten für den Zeitungsverlag tätig ist. Irgendwann im Laufe dieser Zeit sind ihr die Gesellschaftsnachrichten, für die sie früher verantwortlich war, auf die Nerven gegangen. Konsequent hat sie sich seitdem um die Verantwortung in einem traditionellen „Männer-Bereich" bemüht – mit Erfolg.

Frau Wirt ist 45 Jahre alt, hat zwei ziemlich erwachsene Töchter, um die sich in Streßzeiten ihr freiberuflich tätiger Mann kümmert. Tennisspielen betreibt sie mehr für die eigene Fitneß als aus gesellschaftlichen Gründen.

Herr Ball (verantwortlich für Sport)

Er ist für den Sport der Zeitung verantwortlich, seit er seine Wanderschaft durch fast sämtliche Redaktionen in Deutschland beendet hatte. Früher selbst einmal aktiver Fußballer, hat er natürlich ein besonderes Interesse am Sport. Seine 33 Jahre sieht man ihm nicht an, auch nicht die Tatsache, daß er später einmal seine Gedichtsammlung zu veröffentlichen gedenkt.

Eine Tätigkeit bei der Zeitung bis zu seinem Rentenalter kann er sich nicht vorstellen, weil er offen zugibt, daß er in sich noch einige verborgene, künstlerische Talente vermutet. Wann immer ihm die Arbeit Zeit läßt, trifft er sich mit Freunden zum Schachspielen.

Herr Kult (verantwortlich für Kultur)

Er hat seinen Weg zur Zeitung über einen Studienweg der Universität gefunden. Eigentlich heißt er Dr. phil. Karl-Klaus Kult, hat aber von Anfang an darum gebeten, daß er nicht mit Dr. Kult angesprochen werden will. Von seinem Privatleben weiß man in der Redaktion so gut wie nichts.

46 Jahre ist er alt, gilt als absoluter Experte im Bereich der klassischen Musik — Beobachtungen von Redaktionsmitgliedern zufolge soll er jedoch auch bei jedem Jazz-Festival gesehen worden sein.

Frau Frei (verantwortlich für Reise & Freizeit)

Sie ist erst wieder seit drei Jahren im Geschäft. Zwischen ihrem 25. und 38. Lebensjahr hatte sich Frau Frei die Freiheit genommen, ihre Reisen in die entlegensten Winkel dieser Welt als freiberufliche Redakteurin zu finanzieren.

Reisen ist ihre große Leidenschaft, der sie jetzt – nachdem sie seit kurzem verheiratet ist – auch nicht entsagen muß. Neuerdings gehen ihre Kurzreisen ins Voralpenland, wo ihr Mann mit viel Enthusiasmus einen Bauernhof mit alternativen Anbau- und Viehzuchtmethoden wiederbeleben will. Gäste aus der Redaktion – sie alle haben eine Dauereinladung – genießen in ihrem Heim gerne die Abende am Kamin und die ansteckende Geselligkeit der Gastgeberin.

Herr Loks (verantwortlich für Lokales)

Er ist der gesamten Redaktion ein Rätsel. Er ist nie da, die Berichte von ihm kommen immer pünktlich zum Redaktionsschluß, und wenn einmal einer wissen will, wo man den Herrn Loks erreichen kann, bekommt man von fast jedem in der Redaktion den richtigen Tip. Herr Loks ist ,,umtriebig", was so viel heißt wie: Er ist überall und nirgends. Komischerweise schafft er es immer wieder, mit den Leuten am Ort zum richtigen Zeitpunkt gesprochen zu haben. Manche erfahren das erst durch die Frühausgabe.

Loks' Hobby ist der Kontakt zu Menschen, wobei er keinen Unterschied zu machen scheint, ob er ein Gespräch mit einem Philosophie-Professor, mit einem Bauarbeiter oder mit einem Spitzenfunktionär der Landesregierung sucht. Herr Loks ist mit 56 Jahren der Senior in der Redaktionskonferenz.

Ihre Aufgabe

Die oben beschriebenen Personen kommen in der Konferenz mehrfach zu Wort. Sie haben die Aufgabe, die wörtlichen Äußerungen daraufhin zu untersuchen, aus welchem Persönlichkeitspotential heraus solche Formulierungen wahrscheinlicher sind als aus anderen. Lassen Sie sich dabei einfach von Ihren Kenntnissen, die Sie bisher über unterschiedliche Persönlichkeitsstrukturen erworben haben, leiten.

Wenn Sie bei einer Bemerkung der handelnden Personen den Eindruck haben, daß so eigentlich nur ein A-Typ handeln kann, dann schreiben Sie ein A in das dafür vorgesehene Kästchen.

Auf diese Weise arbeiten Sie zunächst einmal den gesamten Fall durch, und ordnen Sie die Beurteilungen (G, A, E) zu. Eine Einschätzung hinsichtlich des T-Typs können Sie naturgemäß erst dann vornehmen, wenn Sie die Verteilung und die Gewichtung der G-, A- und E-Äußerungen vorgenommen haben.

Auch wenn spontane Reaktionen manchmal total danebenliegen – versuchen Sie's trotzdem. Später in der Praxis werden Sie auch hin und wieder in die Lage versetzt sein, schnell eine Einschätzung der Persönlichkeitsstruktur Ihres Gegenübers vornehmen zu müssen. Es ist daher besser, Sie machen die Fehler bei der Einschätzung in diesem Buch und nicht in der Praxis.

Die beiden Spalten ,,vorläufig" und ,,endgültig" geben Ihnen zudem die Möglichkeit, Ihre Entscheidung nach der ersten, vorläufigen Beurteilung noch einmal zu revidieren.

In die Beurteilung Ihrer persönlichen Analysefähigkeit gehen in der Auswertung sowieso nur Ihre Einschätzungen in der Spalte ,,endgültig" ein.

Lassen Sie also zunächst einmal Ihren Kenntnissen freien Lauf.

Fall: Zeitungs-Macher

Einige der Beteiligten sind etwas beunruhigt. Es wird telefoniert. Aha – kann ja nicht sein, der Chef-Redakteur ist ja noch in den USA, die Anzeigenredaktion hat Hochbetrieb, der Bildredakteur ist in Urlaub. Man einigt sich darauf, daß man anfangen kann.

	vor-	*end-*
	läufig	*gültig*
Loks: „Da ich hier der Älteste bin, mache ich einfach mal den Vorschlag anzufangen. Immerhin haben wir heute etwas zu besprechen, was möglicherweise das Erscheinungsbild unserer Zeitung verändern könnte." 1.		
Wirt: „Wenn sich etwas verändern soll, dann ist es wohl ziemlich abwegig, vom Lokalteil zu sprechen. Was ich brauche, ist die Stärkung des Wirtschaftsteils. Die neuesten Umfragen zeigen eindeutig, daß die Leute sich mehr um ihr eigenes Geld kümmern." 2.		

	vor- läufig	end- gültig

Kult:

„Das ist typisch für Sie, Frau Wirt. Bei jedem Treffen versuchen Sie, sich möglichst schnell Vorteile zu sichern. Wir könnten jetzt natürlich schnell zustimmen, aber ich hoffe mich im Einverständnis mit den Kollegen, wenn wir die Entscheidungen auf gesicherte Füße stellen." 3.

Frei:

„Also bitte, diese persönlichen Angriffe haben doch schon beim letzten Mal zu nichts geführt. Ich möchte endlich einmal erleben, daß eine Konferenz zur Zufriedenheit aller Beteiligten zu Ende geht. Herr Ball, was sagen Sie denn dazu? 4.

Ball:

„Also – ich bin nicht zum Schmusekurs hierhergekommen. Es wird jetzt endlich Zeit, daß dem Sport mehr Raum gegeben wird. Die Leser wollen das so." 5.

| | vor- | end- |
| | läufig | gültig |

Kult:
„Es mag sein, daß die Sportinteressierten mehr Sportberichte wollen – das halte ich für legitim. Jeder in diesem Kreis hat gute Gründe, die Interessen seiner Leser zu vertreten. Wenn wir uns aber nur auf das Hier und Jetzt konzen . . ." 6.

Wirt:
„Herr Kult, ich weiß, daß Sie uns jetzt wieder mit Ihren Zukunftsvisionen einer Kulturgesellschaft kommen. Wir machen hier eine Tageszeitung und kein Kulturjournal." 7.

Ball:
„Ich hatte wirklich nicht vor, mit meiner Forderung Zündstoff in die Diskussion zu bringen. Aber Frau Wirt hat recht – wir alle machen eine Zeitung für die unterschiedlichen Interessen unserer Leser." 8.

Wirt:
„Nach diesem Vorgeplänkel können wir mit der Arbeit anfangen. Den Vorsitz für die heutige Sitzung hat Frau Frei, bitte." 9.

	vor-	end-
	läufig	gültig

Frei:
„Vielen Dank, liebe Cornelia. Ich schlage vor, daß wir jeden in unserer Runde erst einmal zu Wort kommen lassen sollten. Wir werden dann schon sehen, ob wir uns einigen können, und ob wir der Verlagsleitung schon heute konkrete Vorschläge machen können." 10.

Loks:
„Wenn ich das richtig sehe, habe ich im Gegensatz zu den anderen am längsten geschwiegen. Dann werde ich einmal beginnen, meine Vorstellungen anhand von Daten, Fakten, Zahlen und einigen aufschlußreichen Übersichten zu erläutern." 11.

Herr Loks nimmt sich 15 Minuten Zeit, die Wichtigkeit der lokalen Nachrichten für die Menschen in der Region zu erläutern, stellt dar, daß der Umfang der lokalen Berichterstattung seit Jahren unverändert ist, und schlägt vor, daß mehr Lokales auf die Titelseite sollte.

	vorläufig	*endgültig*

Frei:
„Vielen Dank, Herr Loks, für diese interessanten Ausführungen. Ich finde es gut, daß Sie nicht nur eine Meinung haben, sondern diese auch noch mit Zahlen und Fakten untermauern." 12.

Kult:
„Zahlen sind immer faszinierend. Ich muß aber gestehen, daß ich dieser Flut von Informationen nicht gewachsen bin. Es wäre ganz gut, wenn wir Zahlenmaterial in Zukunft schon vor der Konferenz bekämen – zum Einlesen." 13.

Ball:
„Jedenfalls ein guter Hinweis. Wenn ich in die nächste Sitzung gehe, werde ich mich ähnlich gründlich vorbereiten." 14.

Wirt:
„Das fehlt mir gerade noch, daß aus Routinesitzungen auch noch Vortragsabende werden. Sie scheinen ja alle viel Zeit zu haben." 15.

	vor- läufig	end- gültig

Frei:
„Frau Wirt, jeder von uns stöhnt hin und wieder unter dem Zeitdruck, aber ich darf Sie daran erinnern, daß bei unseren Sitzungen schon eine Reihe von brauchbaren Vorschlägen erarbeitet worden sind. Und die kommen uns allen zugute." 16.

Loks:
Ich finde es einigermaßen beruhigend, daß wenigstens Teile der Redaktion noch zusammenhalten – ansonsten können wir ja auch jedem die Chance geben, ein Kurzreferat zu halten, wechselweise vielleicht." 17.

Ball:
„Moment, damit ich nicht mißverstanden werde – Debattierklubs hängen mir auch zum Halse heraus. Aber die Idee, uns mit Zahlen zu bombardieren, finde ich trotzdem gut." 18.

Loks:
„Wenn Sie keine anderen Zahlen als die Bundesligaergebnisse haben, sollten Sie's lieber lassen." 19.

	vorläufig	endgültig

Frei:
„Lebhafte Diskussionen mag ich, weil ich weiß, daß wir letztendlich immer zusammengehalten haben. Wir sollten jetzt Herrn Kult zu Wort kommen lassen." 20.

Kult:
„Zunächst einmal bin ich der Meinung, daß wir die persönlichen Differenzen auf die Freizeit verlegen. Meine sachlichen Argumente werde ich kurz halten." 21.

Herr Kult macht sein Versprechen wahr, stellt dar, daß er mit dem Umfang des Kulturteils in einer Tageszeitung durchaus einverstanden ist, und beschränkt sich darauf, Veränderungen in der Darstellungsform zur Diskussion zu stellen.

Wirt:
„Interessant – aber ich bin der Meinung, daß ein verantwortlicher Redakteur für die Darstellung seiner Themen auch selbst verantwortlich ist. Für uns alle ist das wohl kein Thema." 22.

	vor- läufig	end- gültig

Loks:
„Also das, was Herr Kult über unterschiedliche Darstellungsformen sagt, sollten wir alle einmal für unsere Ressorts überprüfen. Da steckt meiner Meinung nach viel Innovatives für ein einheitliches Erscheinungsbild drin." 23. ☐ ☐

Kult:
„Das halte ich auch für notwendig. Wenn unser Blatt am Markt bestehen will, müssen wir uns wohl oder übel mit Trends auseinandersetzen – auch wenn das nicht jedermanns Geschmack ist." 24. ☐ ☐

Ball:
„Das ist der Ton, den ich mir immer für unsere Redaktionskonferenzen gewünscht habe. Es geht doch nicht an, daß wir uns jedesmal beharken. Schließlich sind wir ein Team." 25. ☐ ☐

Die restlichen zwei Stunden der Konferenz erspare ich Ihnen. Es ging zwar zwischendurch immer mal wieder hoch her, aber zum Schluß der Konferenz waren alle mit dem Ergebnis mehr oder weniger zufrieden. Nach einem Dankeswort von Frau Frei gehen die Beteiligten mit folgenden Gedanken an die Arbeit zurück.

	vor- läufig	end- gültig

Loks:
„Beim nächsten Mal werde ich alles versuchen, den Ball in die Pfanne zu hauen."   26.

Wirt:
„Wieder mal zwei verplemperte Stunden – jetzt muß ich meine Mitarbeiter auf Trab bringen."   27.

Kult:
„Der Vortrag vom Loks hat mir imponiert, es geht eben nichts über eine gute Vorbereitung."   28.

Frei:
„Bin ich froh, daß die Leute so nett und kooperativ waren."   29.

Ball:
„Diese Konferenzen überzeugen mich mehr und mehr. Ich muß mich in Zukunft zusammenreißen und regelmäßiger daran teilnehmen."   30.

Ihre persönliche Analyse-Leistung

Bevor Sie an die Überprüfung Ihrer Analyse-Leistung gehen, sollten Sie sich in Ihrer Entscheidung endgültig festlegen. Mit der Kenntnis aller Aussagen der beteiligten Personen kann es sein, daß Sie die eine oder andere spontane Einschätzung revidieren müssen.

Zur Bewertung ziehen wir Ihre Entscheidungen folgendermaßen heran:

– in der Senkrechten finden Sie die beteiligten Personen aufgelistet;
– in der Waagerechten die jeweils entsprechende Nummer der Äußerungen, die die betreffenden Personen im Laufe des Redaktionsgesprächs gemacht haben.

Ihre Aufgabe besteht darin, Ihre G-, A- oder E-Entscheidungen der jeweiligen Person und der jeweiligen Äußerung zuzuordnen.

Erst wenn Sie alle Einzelergebnisse zusammengetragen haben, können Sie eine Bestimmung der Hauptkomponente der beteiligten Personen vornehmen.

Lassen Sie sich nicht beirren, wenn es bei einigen Personen wie „Kraut und Rüben" durcheinandergeht. Wie Sie wissen, zeichnen sich die T-Typen dadurch aus, daß sie die Hauptkomponenten in fast ausgeglichenem Maße in sich vereinigen.

Einzelauswertung

Herr Loks	1	11	17	19	23	26
Frau Wirt	2	7	9	15	22	27
Herr Kult	3	6	13	21	24	28
Frau Frei	4	10	12	16	20	29
Herr Ball	5	8	14	18	25	30

Gesamtbeurteilung der Hauptkomponente

Herr Loks ☐

Frau Wirt ☐

Herr Kult ☐

Frau Frei ☐

Herr Ball ☐

Auf der nächsten Seite finden Sie den Lösungsschlüssel und den Hinweis darauf, wie Sie Ihr persönliches Analyseergebnis ermitteln.

Lösungsschlüssel

Herr Loks	1 G	11 G	17 E	19 A	23 E	26 A
Frau Wirt	2 A	7 A	9 A	15 A	22 A	27 A
Herr Kult	3 G	6 G	13 G	21 G	24 G	28 G
Frau Frei	4 E	10 E	12 E	16 E	20 E	29 E
Herr Ball	5 A	8 E	14 G	18 A	25 E	30 G

Die beteiligten Personen weisen also folgende Hauptkomponenten in ihrer Persönlichkeitsstruktur auf:

Herr Loks   T   Komponente

Frau Wirt   A   Komponente

Herr Kult   G   Komponente

Frau Frei   E   Komponente

Herr Ball   T   Komponente

Stellen Sie nun fest, wie viele der Einzelaussagen Sie richtig identifiziert haben. Am besten, Sie markieren Ihre richtigen Einschätzungen auf dieser Lösungsseite. Liegen Sie bei vielen Einzelbewertungen richtig, haben Sie aller Wahrscheinlichkeit nach auch die Mehrzahl der Hauptkomponenten erkannt.

Bewertung der Ergebnisse

Wenn Sie drei oder mehr Hauptkomponenten der beteiligten Personen erkannt haben, haben Sie ein phantastisches Ergebnis erzielt.

Das ist keine psychologische Schmusetaktik – ich meine das ernst.

Sie haben nämlich unter äußerst erschwerten Bedingungen gearbeitet:

– Sie hatten nur einige wenige Sätze als Beurteilungsgrundlage;
– Sie haben nicht gewußt, was vorher geschah;
– Sie selbst haben die beteiligten Personen nie kennengelernt;
– Sie haben Mimik, Gestik und – manchmal besonders wichtig – den Tonfall nicht miterleben können.

Das heißt: Sie haben unter den schwersten Bedingungen, die man bei der Beurteilung einer Persönlichkeitsstruktur überhaupt vorfinden kann, gearbeitet.

In Ihrem Arbeitsleben, beim langjährigen Kontakt mit Ihren Chefs, haben Sie also wesentlich mehr Informationen, die Ihnen die Entdeckung der Hauptkomponente sicherlich erleichtert hätten.

Mit dem notwendigen Interesse an der Person Ihres Handlungspartners und mit einer gezielten Beobachtung werden Sie schon in kurzer Zeit in der Lage sein, erste Hinweise auf eine stark ausgeprägte Persönlichkeitskomponente durch eine einzige Bemerkung oder einfach durch die Verhaltensweise des Handlungspartners zu erhalten.

Es gibt keine interessantere und sinnvollere Tätigkeit als sich mit der Persönlichkeitsstruktur des Chefs zu beschäftigen.

Voraussetzung für eine solide Analyse ist jedoch — wie in vielen Arbeitsbereichen — die tägliche, ernsthafte Kleinarbeit. Diese Kleinarbeit haben Sie in begrenztem Maße durch die Analyse der 30 Einzelaussagen bereits „auf dem Trockendock" geübt.

Lehnen Sie sich jetzt nicht zufrieden zurück, wenn Sie drei, elf oder siebzehn der vorgegebenen wörtlichen Formulierungen richtig klassifiziert haben — es geht auch um den Rest, bei dem Sie offensichtlich noch nicht erkannt haben, aus welcher Ecke der Persönlichkeitsstruktur solche — und nur solche — Äußerungen kommen können.

> *Beispiele*
>
> Kein G-Chef würde unter normalen Umständen einen solchen Satz über die Lippen bringen:
>
> „Das fehlt mir gerade noch, daß aus Routinesitzungen auch noch Vortragsabende werden. Sie scheinen ja viel Zeit zu haben."
>
> Ein A-Chef käme sich bei dieser Bemerkung wahrscheinlich als Verräter der eigenen Persönlichkeitsstruktur vor: „Vielen Dank, liebe Cornelia. Ich schlage vor, daß wir jeden in unserer Runde erst einmal zu Wort kommen lassen sollten."
>
> Ein E-Chef wird sich so allenfalls dann äußern, wenn er nicht mehr weiter weiß:
>
> „Es mag sein, daß die Sportinteressierten mehr Sportberichte wollen – das halte ich für legitim. Jeder in diesem Kreis hat gute Gründe, die Interessen seiner Leser zu vertreten."

Bei der Analyse hier – und dann auch in der Praxis – geht es nicht darum, ob ein Chef viele Fremdwörter kennt, ob er laut oder leise spricht, ob er stottert oder andere rhetorische Mängel hat – es geht nur darum festzustellen, aus welchem Persönlichkeitspotential eine Äußerung aller Wahrscheinlichkeit nach kommen muß. Wenn sich dann die Äußerungen in einer bestimmten Richtung häufen, bekommt man für eine gesicherte Analyse immer festeren Boden unter die Füße.

Machen Sie sich doch – vielleicht mit den Kolleginnen oder Kollegen zusammen – einmal das Vergnügen und picken Sie sich eine der Fall-Personen heraus. Vielleicht fangen Sie einfach einmal mit der Frau Frei an. Lesen Sie die Äußerungen dieser Dame der Reihe nach laut vor, also nacheinander die wörtlichen Bemerkungen 4, 10, 12, 16, 20 und 29. Sie werden erleben, daß die Gesamtheit der Aussagen aus einem Guß ist.

Diese Äußerungen können nur von einer Persönlichkeit mit einer stark ausgeprägten E-Komponente kommen. Die gleiche Erfahrung werden Sie mit den Äußerungen der Frau Wirt und des Herrn Kult machen — drei völlig verschiedene Charaktere. Bei den T-Typen müssen Sie schon etwas genauer hinsehen oder hinhören, weil diese — im Fall die Herren Ball und Loks — in der Lage sind, aus allen Persönlichkeitskomponenten heraus zu agieren und zu reagieren.

Es lohnt sich also, jede einzelne Äußerung noch einmal auf die Richtigkeit Ihres Analyse-Ergebnisses zu überprüfen, weil Sie dadurch ein Gespür für die Persönlichkeitskomponente entwickeln, die bei Ihrem ,,wirklichen" Chef die am stärksten ausgeprägte ist.

Vor einer Bewertung Ihrer Analyse-Leistung will ich mich natürlich auch nicht drücken:

0 bis 10 richtige Einschätzungen

Ihr Analyse-Ergebnis ist nicht so gut, wie es sein könnte, wenn Sie die Informationen über die unterschiedlichen Persönlichkeitstypen aufmerksam gelesen hätten. Sie sollten die einzelnen Äußerungen noch einmal abklopfen und feststellen, ob nicht ein ,,technischer" Fehler vorliegt. Haben Sie vielleicht versucht, T-Äußerungen als solche zu identifizieren, oder haben Sie sich durch die erste Äußerung eines T-Typen dazu verleiten lassen, bereits eine Hauptkomponente der Persönlichkeitsstruktur festzulegen?

Auf jeden Fall sollten Sie sich die Mühe machen, sich mit den Beschreibungen in andere – für Sie offensichtlich fremde – Persönlichkeitsstrukturen hineinzudenken und zu -fühlen. Es lohnt sich.

11 bis 20 richtige Einschätzungen

Sie sind auf dem richtigen Weg, weil Sie mit Ihrem Ergebnis die Analysefähigkeit bewiesen haben. Sie sollten jetzt einmal Aussage für Aussage feststellen, bei welchen Persönlichkeitskomponenten Sie noch Schwierigkeiten haben. Oft ist es nämlich so, daß man sich nicht auf Anhieb in ,,fremde" Persönlichkeitsstrukturen hineinversetzen kann. Es ist ja auch wirklich so, daß diese Chefs Verhaltensweisen und Äußerungen an den Tag legen, die einem selbst nie in den Sinn kämen.

Am wenigsten Schwierigkeiten werden Sie bei der Identifizierung Ihrer ,,Art-Genossen" gehabt haben, also bei den Personen, die eine ähnliche Persönlichkeitsstruktur aufweisen wie Sie selbst. Ihr Ergebnis sollte Ihnen Mut machen, sich weiter mit der Person Ihres Chefs auseinanderzusetzen – mit ein wenig Übung wissen Sie über Ihren Chef bald mehr als er über sich.

21 bis 30 richtige Einschätzungen

Herzlichen Glückwunsch! Sie haben es geschafft, in kürzester Zeit ein analytisches Gespür für Ihre Mitmenschen zu entwickeln und durch Ihre Analyseleistungen auch zu dokumentieren. Trotzdem sollten Sie sich die Fehleinschätzungen noch einmal ansehen, die eine Trefferquote von 30 verhindert haben. In der Beurteilung von Menschen kann man nie perfekt sein, weil – wie auch in unserem Fall-Beispiel – die meisten Menschen ein Persönlichkeitspotential zur Verfügung haben, das alle Komponenten in unterschiedlichem Ausmaß enthält. Ein gutes bis sehr gutes Analyseergebnis bietet also nicht die Gewähr dafür, daß man auch in Zukunft mit seinen Einschätzungen *immer* richtig liegt. Weiter so!

Fazit

Ganz egal, welche Ergebnisse Sie bei der Fallbearbeitung erzielt haben – eine intensive Beschäftigung mit der Person „Chef" lohnt sich immer.

Kapitel 13:
Mein Kampf – gegen die Vorurteile dieser Welt

Jeder von uns hat Erfahrung in der Beurteilung seiner Mitmenschen. Die Erfahrungen werden mit einer Vielzahl von Einzelinformationen aufgebaut, die man entweder bewußt wahrnimmt oder aber auch halbbewußt oder unterbewußt zu einer Meinung, zu einer Einstellung oder auch zu einem Urteil zusammenträgt.

Bringen Sie doch einmal Ihr Beurteilungsvermögen auf den Prüfstand. Unten habe ich Ihnen vier Personen, die mir ihre Paßbilder zur Verfügung gestellt haben, nachzeichnen lassen. Beantworten Sie dazu bitte folgende Fragen:

1. Welche der dargestellten Personen hat Ihrer Meinung nach einen akademischen Beruf?

   A ☐ B ☐ C ☐ D ☐ weiß nicht ☐

2. Welche der dargestellten Personen hat Ihrer Meinung nach den größten wirtschaftlichen Erfolg im Beruf, mit anderen Worten, wer ist Millionär?

   A ☐ B ☐ C ☐ D ☐ weiß nicht ☐

3. Auf welche der dargestellten Personen kann man sich am ehesten verlassen, oder: Wem würden Sie Ihr Geld anvertrauen?

   A ☐ B ☐ C ☐ D ☐ weiß nicht ☐

Die Auflösung gebe ich Ihnen am Ende des Kapitels.

Mit diesem Kapitel möchte ich ein wenig auf die Bremse treten, oder positiv ausgedrückt: Ich möchte Ihre Begeisterung und Ihren Elan in die richtigen Bahnen lenken. Die positive Einstellung zu sich selbst und zu den Mitmenschen ist die Voraussetzung dafür, daß man sich überhaupt die Mühe macht, mehr vom Vorgesetzten, von den Kolleginnen und Kollegen zu erfahren. Ein Arbeitnehmer, der nach der Lehre schon ausrechnet, wieviel er in 45 Jahren als Altersruhegeld zu erwarten hat, ist eigentlich beruflich schon gestorben – er weiß es nur noch nicht.

Erstens läßt sich die Arbeitsmarktlage nicht voraussehen (außer von Politikern, die die nächste Wahl gewinnen wollen), zweitens gibt es keine Garantie für die immerwährende Existenz eines Tätigkeitsbereiches, erst recht nicht für den Bestand des Arbeitsumfeldes.

Unsicherheit des Tätigkeitsfeldes

Manche Berufsbilder gibt es schon seit Jahrtausenden, andere werden möglicherweise während der Zeit, in der Sie dieses Buch lesen, neu geschaffen. Ursache dafür sind die Entwicklungen im gesellschaftlichen, technischen und wissenschaftlichen Bereich.

Gehen Sie spaßeshalber einmal zu Ihrem örtlichen Arbeitsamt. Sie werden feststellen, daß dort Berufe angeboten werden, von deren Existenz Sie bisher nichts gewußt haben oder deren Bezeichnungen ein Normalbürger nicht einmal mehr ins Deutsche übersetzen kann.

Die Elektronik-Branche zum Beispiel hat den ,,Kommunikationselektroniker – Fachrichtung Informationstechniker'' als Berufsbezeichnung hervorgebracht. Können Sie sich darunter etwas vorstellen – ich nicht. Immerhin liegt dieses Tätigkeitsfeld nach neuesten Erhebungen für AZUBI auf dem 5. Platz der Beliebtheitsskala.

Die beiden Medaillenseiten sind deutlich: Die Zukunft wird einige traditionelle und bekannte Berufe überflüssig machen, auf der anderen Seite werden Betätigungsfelder entstehen, die Chefs und Mitarbeiter mit völlig neuen Qualifikationen und Ausbildungsgängen erfordern. Auch innerhalb der traditionellen Tätigkeitsbereiche wird jeder von Ihnen im Verlauf des Berufslebens schon einschneidende Veränderungen erlebt haben.

Fazit

Die Berufswelt verändert sich ständig und kann bei Arbeitnehmern zu Unsicherheiten und Zukunftsängsten führen.

Unsicherheit beim Leistungsanspruch

Unser Wirtschaftssystem sieht das so vor: Leistung wird bezahlt – für die Verweigerung von Leistung rückt kein Mensch auch nur eine müde Mark heraus. Das hört sich brutal an und ist so auch sicher nicht für alle Tätigkeitsfelder und alle Personen zutreffend. Dennoch gilt die Aussage: Dafür, daß ich am Ende des Monats meinen Lohn- oder Gehaltsstreifen studieren darf, muß ich etwas tun.

Meine Kollegen aus dem medizinischen Bereich der Psychologie berichten mir immer häufiger über Fälle, bei denen der Leistungsanspruch in psychosomatischen Beschwerden mündet. Dabei ist es nicht immer der Druck von außen, der krank macht – auch die Furcht davor, daß man irgendwann den Ansprüchen nicht mehr genügen könnte.

Aus- und Weiterbildungsmaßnahmen können viel dazu beitragen, Unsicherheit hinsichtlich der Qualifikation und des Leistungsanspruchs zu mindern – allerdings auch nur bei den Mitarbeitern, die solchen Maßnahmen positiv gegenüberstehen. Die Versagensangst im Berufsleben ist mindestens so häufig wie die Angst vor dem Verlust eines geliebten Partners.

Fazit

Wenn Befürchtungen hinsichtlich der Leistungsfähigkeit nicht durch Eigeninitiative oder mit Hilfe des Arbeitgebers ausgeräumt werden können, entstehen massive Ängste um die berufliche Zukunft.

Unsicherheit im privaten Bereich

Es scheint einfach, den Beruf und die Familie unter einen Hut zu bekommen. Solange alle an dem berühmten, gemeinsamen „Strick" ziehen, ist das Verständnis für den berufstätigen Partner groß, weil die gleichen Probleme auch gleichermaßen bewältigt werden müssen. Die Schwierigkeiten können vom Partner nachvollzogen werden, Erfahrungen werden ausgetauscht, irgendwie kommt man sogar mit unterschiedlichen Arbeitszeiten zurecht.

Schwierig wird es dann, wenn sich die beruflichen Wege auseinanderentwickeln. Ob jetzt einer das Dreifache vom anderen verdient, ob einer der Partner überhaupt aufhört zu arbeiten, ob Arbeitsplatzwechsel mit längeren Trennungen notwendig werden, ist völlig gleichgültig: Die Probleme sind da.

Da die Garderobe bekanntlich für Mäntel und Hüte vorgesehen ist, hat es in solchen Fällen auch keinen Sinn, die Probleme eben da nach Arbeitsschluß abhängen zu wollen. Arbeitet einer zuviel – vernachlässigt er die Familie. Arbeitet einer zuwenig – kann er die Familie nicht ernähren. Dieser Teufelskreis, der übrigens nicht nur für das männliche Mitglied der Familie gilt, verursacht Unsicherheiten, die sich auch auf die berufliche Leistungsbereitschaft und Leistungsfähigkeit auswirken.

Fazit

Zweifel an der Richtigkeit des beruflichen Tuns wirken sich am Arbeitsplatz, in der Familie und im sonstigen sozialen Umfeld aus.

Unsicherheit gegenüber Vorgesetzten

Chefs verhalten sich oft völlig anders, als man es für sich selbst wünscht. Meist kann man sich auch wirklich nicht erklären, warum die Briefe, die unbedingt heute noch „raus" müssen, immer erst 10 Minuten vor Dienstschluß geschrieben werden sollen. Der eine oder andere Chef ist möglicherweise noch nicht in der Lage, seinen Mitarbeitern zu erklären, warum er so handeln muß und nicht anders kann.

Schwierigkeiten oder Unsicherheiten mit dem Vorgesetzten sind immer im menschlichen Bereich zu finden. Die falsch abgelegten Unterlagen lassen sich richtig ablegen, der Hinweis darauf, daß man in der entsprechenden Kleidung am Arbeitsplatz zu erscheinen hat, wird zum Kauf einer Krawatte führen, und der Hinweis darauf, daß während der Dienstzeit nicht geraucht werden darf, wird von den meisten Mitarbeitern wohl auch akzeptiert.

Schwierig wird es erst dann, wenn die Beteiligten die Verhaltensweisen des anderen nicht nachvollziehen, geschweige denn verstehen können.

Sage ich ihm jetzt die Meinung oder warte ich einen günstigeren Zeitpunkt ab? Warum läßt mich der Chef links liegen? Kann der nicht einmal etwas freundlicher zu mir sein, wenn ich schon seine beste Kraft bin?

Das sind Fragen, die sich aus der Unterschiedlichkeit der Persönlichkeitsstrukturen ergeben. Oft kommen noch unbegründete Ängste wegen der organisatorischen Höherstellung dazu. Über die Sinnlosigkeit, Vorgesetzte als „bessere", „übergeordnete" oder „andere" Menschen zu diskutieren, ist mir keine weitere Zeile dieses Buches wert.

Fazit

Nicht nachvollziehbare Verhaltensweisen bei Vorgesetzten können zur Einschüchterung und zur Unsicherheit führen, wenn Sie als Mitarbeiter für sich und das Arbeitsumfeld positive Veränderungen herbeiführen wollen.

Es ist noch nicht lange her, daß von einer Unterklasse und einer Oberklasse gesprochen wurde; die Herrenmenschen sind in unserem Gedächtnis auch noch präsent; und es gibt die Oberen Zehntausend und die Underdogs.

Wann immer man solche Gegensatzpaare bildet, bleibt einer von beiden auf der Strecke – es sei denn, die Betroffenen melden sich zu Wort. Zumindest im 20. Jahrhundert hat kaum eine gesellschaftliche Veränderung ohne die vormals Betroffenen stattgefunden. Das waren nicht immer die großen Revolutionen mit dem Geratter von Maschinengewehren – das war die Einsicht in die Notwendigkeit, persönliche Bedürfnisse auch selbst durchsetzen zu wollen.

Unsicherheiten entstehen da, wo einem konkrete Daten fehlen, die eine Entwicklung nachvollziehbar machen. Wenn ich nicht weiß, wie die schlechte Auftragslage ,,meines" Betriebes zustande gekommen ist, kann ich mir auch nicht erklären, warum der Chef plötzlich von ,,Pleite", ,,Hinschmeißen" und ,,Ruhestand" redet. Die überraschende Versetzung eines Kollegen hält man für völlig unsinnig, weil man doch weiß, daß gerade dieser Mann drei Kinder und ein neu bezogenes Haus hat.

Und schließlich versteht man Formulierungen wie: ,,Der Herr Staatssekretär zieht sich aus gesundheitlichen Gründen aus der Politik zurück", ,,Der Herr Abteilungsleiter sucht einen erweiterten Wirkungskreis" oder „Die Frau Buchhalterin kommt heute nicht zum Dienst, weil sie eine psycho-somatische Krankheit plagt" auch nicht so ganz.

Informationsdefizite haben schon immer die Phantasie der Menschen angeregt – Unsicherheiten fordern dazu auf, sich Informationen „zusammenzubasteln". Wenn mir der Staatssekretär, der in Zukunft auf sein Gehalt verzichten muß, völlig gleichgültig ist, nehme ich zwar die Information zur Kenntnis – alles andere ist mir aber in der Regel „wurscht". Beim scheidenden Abteilungsleiter kann die Sache schon komplizierter werden.

Bedürfnis nach Beständigkeit

Ist das Bedürfnis nach Beständigkeit, Sicherheit und Kontinuität in Gefahr, geraten manche Leute in Panik. Von diesem „Bazillus" sind in erster Linie G-Typen betroffen, die sich mit ihrer Zukunftsplanung auf stabilisierte Verhältnisse eingerichtet haben. Aber auch E-Typen sind in ihrem Bedürfnis nach Beständigkeit verletzbar, wenn durch Neuerungen gewachsene, persönliche Beziehungen abgebrochen werden.

Das könnte beispielsweise im Fall des scheidenden Abteilungsleiters so sein. Eine langjährige Sekretärin wird sich nie mit der lapidaren Formulierung, daß ihr Chef sich einen erweiterten Wirkungskreis sucht, zufriedengeben. Sie wird bei ihrem Chef nachfragen, bei seinen Kollegen – vielleicht sogar bei seinen Vorgesetzten.

Erhält sie von keiner der beteiligten Personen eine befriedigende Antwort, ist die Wahrscheinlichkeit groß, daß

Einzelinformationen zu einem Bild zusammengesetzt werden, die dem Bedürfnis nach Beständigkeit in der Zusammenarbeit mit diesem Chef zumindest nicht widersprechen.

Beispiel

Wenn ...	Dann ...
– ich als guter Autofahrer einen Unfall habe, ...	... muß man die Schuld beim Unfallgegner suchen.
– meine Kinder sich nicht so entwickeln, wie ich das wünsche, ...	... sind dafür die Einflüsse der Freunde oder die Gesellschaft im allgemeinen verantwortlich.
– ich entlassen werde, ...	... hat das nichts mit meiner Arbeitsleistung zu tun, sondern mit den Intrigen um mich herum.

Diese Liste ließe sich beliebig zu einem gesonderten Buch vervollständigen. Eine Unterbrechung der gewünschten Beständigkeit führt häufig zu Schuldzuweisungen, die außerhalb der eigenen Person liegen. Ob das nun in Einzelfällen gerechtfertigt ist oder nicht, interessiert in diesem Zusammenhang überhaupt nicht. Wichtig sind die Konsequenzen, die sich aus einer Rechtfertigungssituation ergeben:

Da werden dann Daten und Fakten miteinander vermischt, Beziehungen werden erfunden oder vorverlegt, die eigene Urteilsfähigkeit wird ,,verbogen".

,,Verbogen" werden Beurteilungen, wenn man etwa eine Kollegin zunächst als lieb und nett bezeichnet, in dem Au-

genblick aber von „Biest" und „Schlange" spricht, wenn diese nette Kollegin zum ersten Mal mit dem Chef ausgeht.
Das ist der Nährboden für Vorurteile und Gerüchte.

Bedürfnis nach Sicherheit

Neben dem privaten Bereich verdient das berufliche Umfeld aus der Sicht der Beschäftigten einen besonderen Stellenwert, wenn es darum geht, stabile Beziehungen aufzubauen. Eine ständig wechselnde Arbeitswelt ist in der Regel nur für Jugendliche und für stark ausgeprägte A-Typen interessant und erstrebenswert.

Ein direktes Verhältnis von Leistung und Lohn wird von fast jedem tätigen Menschen erwartet. Daß dies nicht immer so ist, beweisen folgende Beispiele:

Beispiele

Die Autorin von Büchern über Management-Strategien veröffentlicht ihre Bücher unter dem Pseudonym Mark Gordon – einmal wegen der größeren Akzeptanz männlicher Experten, zum anderen wegen der Amerika-Gläubigkeit in Bezug auf innovative Management-Techniken.

Ein Profi-Fußballer legt sich mit dem Präsidium des Vereins an – das tut er aber nicht, um Fußball spielen zu können, sondern um mehr Geld zu verdienen.

Ein Arbeitnehmer bewirbt sich auf fünf Anzeigen hin gleichzeitig. Er hat natürlich nicht vor, fünf Positionen gleichzeitig zu besetzen, dem Bewerber geht es darum, im Idealfall aus fünf Angeboten aussuchen zu können.

Die Gründe für das Bedürfnis nach Sicherheit sind individuell verschieden – die Verhaltensweisen richten sich danach aus. So kann es schon ein Zeichen für ausgeprägtes Sicherheitsbedürfnis sein, wenn ein Mitarbeiter ständig versucht, von seinem Chef ein Lob für die Erfüllung ganz normaler beruflicher Pflichten zu erhalten.

Typische Äußerungen dafür sind: ,,Das habe ich ja mal wieder gut hinbekommen, oder?", ,,Da muß man nur den richtigen Mann an den richtigen Platz stellen", etc. Wenn Erwartungen im Hinblick auf das Sicherheitsbedürfnis nicht erfüllt werden, beschränkt sich der Frust oder die Enttäuschung nicht nur auf das Innenleben des Betroffenen.

Das ist der Nährboden für Vorurteile und Gerüchte.

Bedürfnis nach menschlicher Akzeptanz

Für eine schlecht ausgeführte Arbeit getadelt zu werden, sieht man zur Not noch ein, vor allem dann, wenn man sich selbst eingestehen muß, daß man ausnahmsweise nun wirklich etwas geschlampt hat. Bei wiederholter Kritik gerät man dann schon ins Grübeln: Will der Chef mich jetzt fertigmachen oder bin ich den Anforderungen wirklich nicht gewachsen.

Schlimm wird es, wenn sich Tadel und Kritik von der Sache entfernen und sich lediglich auf die Person beschränken. Manche Vorgesetzte haben es immer noch nicht gelernt, Sach- und Personen-Kritik voneinander zu unterscheiden. In den meisten Fällen kommt ein Misch-Masch dabei heraus.

> *Beispiele*
>
> „Frau Müller, ich verstehe ja, daß Sie sich um die Kinder kümmern müssen, aber weitere Verspätungen zum Arbeitsbeginn kann ich einfach nicht mehr dulden."
>
> „Wenn ihr jungen Leute alles besser machen wollt, dann fangt doch erst einmal damit an, Ordnung und Sauberkeit am Arbeitsplatz zu schaffen."
>
> „Ich habe nichts gegen Ausländer, aber die sollten sich doch mindestens die Mühe machen, Deutsch zu lernen. Wie soll ich denn sonst sagen, was sie machen müssen?"

Die Betroffenen solcher Äußerungen empfinden so etwas nicht als sachliche Kritik, sondern als Angriff auf ihre Persönlichkeit. Eine menschliche Akzeptanz ist schwer zu erzielen, wenn Äußerlichkeiten, Herkunft, Religionszugehörigkeit, Schulbildung und individuelle Verhaltensweisen als Gradmesser für Sympathie oder Antipathie herangezogen werden.

Ein stiller, in sich gekehrter Mitarbeiter wird es in der Nähe eines proletenhaft polternden Macher-Chefs sehr schwer haben. Eine neue Mitarbeiterin, die nicht verstehen kann, daß außer ihr keiner in der Abteilung Abitur hat, wird Schwierigkeiten haben, von ihren Kolleginnen und Kollegen akzeptiert zu werden. Kein Chef wird die Akzeptanz seiner Mitarbeiter erlangen, wenn er sich ständig und ausschließlich um die privaten Probleme seiner Sekretärinnen kümmert.

Die Grundvoraussetzung für ein harmonisches Arbeitsleben ist die Akzeptanz des Mitmenschen – auch wenn er andere Einstellungen, Erfahrungen, fachliche Qualifikationen oder aber „nur" eine andere Persönlichkeitsstruktur mitbringt. Unkenntnis, Fremdheit und der Mangel an Akzeptanz sind *der Nährboden für Vorurteile und Gerüchte.*

Vorurteile sind eigentlich „vorschnelle" Urteile. Man nimmt sich ein Merkmal des Gesprächs- oder Handlungspartners heraus und bildet aus dieser Einzelbeobachtung ein Gesamturteil. Diese Verhaltensweise liegt eigentlich in der Natur der menschlichen Aufnahmefähigkeit. Vorteile und Gefahren liegen hier eng beieinander.

Schneeflocken und Eisblumen an den Fenstern signalisieren Kälte – unser schnelles Urteil läßt uns automatisch zum Mantel und eben nicht zur Badehose greifen. Der Vorteil solcher Erfahrungswerte ist der, daß man nicht erst auf die Straße gehen muß, um festzustellen, daß warme Kleidung angesagt ist.

Von einem Kunden, der nach der Begrüßung von Rabatten spricht, weiß ich, daß er einer von denen ist, der Preisvergleiche anstellt und zu pokern versucht – auch darauf kann ich mich als Verkäufer, ohne zu überlegen, einstellen. Alle Routine-Aktionen und -Reaktionen sind im Grunde genommen vorurteilsbehaftet.

Aus der Erfahrung heraus handelt man auf ein bestimmtes Signal mit einer bestimmten Reaktion, ohne darüber nachzudenken, ob die Reaktionen in diesem oder jenem bestimmten Fall angebracht sind. Diese menschliche Verhaltensweise bewahrt einen davor, jeden Tag die Welt um uns herum neu erfahren und einschätzen zu müssen. Erfahrungen und Menschenkenntnis erleichtern also den beruflichen und privaten Alltag. Wer allerdings jetzt in Jubel ausbricht, macht es sich zu leicht. Die Vorteile der menschlichen Urteilsbildung können sich ebensogut in massive Nachteile verwandeln.

Meine Erfahrung	Meine Schlußfolgerung
Ein Chef, der nicht innerhalb von Sekunden entscheidet . . .	. . . ist als Chef ungeeignet.
Ein Chef, der am ersten Tag mit mir flirtet . . .	. . . muß einer von diesen Lustmolchen sein.
Ein Chef, der sich um meine privaten Verhältnisse kümmert . . .	. . . führt irgendwas im Schilde.
Ein Farbiger, der sich den Luxus einer Knoblauchsuppe erlaubt hat . . .	. . . stinkt, weil ja alle Neger stinken.
Ein Jude, der zwar Goldschmid heißt, arbeitet im Pflegedienst . . .	. . . aber bestimmt will er nur die armen Menschen beerben.
Ein Mensch sieht aus wie ein Penner, . . .	. . . dann muß er sich das wohl auch selbst zuschreiben.

Die Beobachtung von Äußerlichkeiten und die direkte Schlußfolgerung aus einzelnen Verhaltensweisen kann soziales Leben vernichten. Eine Kollegin, die sich unangemessen kleidet, muß nicht unbedingt schlampig sein, ein Chef mit dem größten Auto der gesamten Firma muß nicht unbedingt der beste Chef sein, der Mitarbeiter mit den Ringen unter den Augen muß nicht todkrank sein, vielleicht ist er lediglich überarbeitet.

Fazit

Es ist Vorsicht geboten, wenn Sie auf Grund einer einzelnen Beobachtung Schlußfolgerungen auf die Persönlichkeitsstruktur eines Handlungspartners oder sogar auf die zukünftigen Verhaltensweisen schließen.

Vorschnelle Urteile – also Vorurteile –, die nicht gerechtfertigt sind, tun den Betroffenen weh.

Das G.A.T.E.-Persönlichkeitsmodell, in dem Sie sich auch selbst eingeordnet haben, macht das deutlich, wenn man vergleicht, wie die unterschiedlichen Komponenten sich selbst sehen und die andersgearteten Handlungspartner einschätzen.

Beispiel

Ein Chef mit einer stark ausgeprägten A-Komponente verlangt von Ihnen eine Bestell-Liste, die Sie in der geforderten Zeit einfach nicht erstellen können. Sie sagen ihm: „In der von Ihnen geforderten Zeit kann das nicht einmal der Computer schaffen." Er sagt zu Ihnen: „Wie Sie das machen, ist mir egal!" Sie denken, daß er überhaupt keine Ahnung hat, wie das mit dem Computer läuft.

Die Folge ist, daß Sie ein Vorurteil bilden: Der Chef ist unwissend und hat keine Ahnung von Computern – der Chef ist unfähig.

Beispiele dieser Art gibt es zu Tausenden. Immer ist der gleiche Mechanismus wirksam: Eine Eigenart, eine Verhaltensweise, ein Persönlichkeitsmerkmal wird herangezogen, um ein Etikett zu verabreichen.

Daß Ihnen das auch selbst passieren kann, sollte Sie nachdenklich machen.

Hätten Sie gewußt, daß Personen mit anderen Persönlichkeitsschwerpunkten Sie so sehen könnten?

Der G-Typ wird so gesehen:

von A-Typen	**von E-Typen**
umständlich	gefühlsarm
nichtssagend	berechnend
starrsinnig	spöttisch
unverbindlich	kalt

Der A-Typ wird so gesehen:

von G-Typen	**von E-Typen**
arrogant	unmenschlich
oberflächlich	egoistisch
trickreich	unhöflich
karrieresüchtig	gefühlsarm

Der E-Typ wird so gesehen:

von G-Typen	**von A-Typen**
gefühlsfixiert	weinerlich
unrealistisch	leistungsschwach
nachtragend	vergangenheitsorientiert
ausgleichend	inkonsequent

Damit wäre ein Teil der Feindlichkeiten ausgetauscht, aber so ist es nun mal: Vorurteile ergeben sich durch die jeweils anderen Verhaltensmuster der Gesprächs- oder Handlungspartner. Will einer von Ihren Vorgesetzten innerhalb einer Minute eine Entscheidung erzwingen, läuft er große Gefahr, als Sklaventreiber in die Unternehmensgeschichte einzugehen, hält er sich mit seinen Anweisungen zurück, ist er der Zauderer und der Totengräber der Firma, macht er Anstalten, eine menschliche Lösung zu schaffen, setzt er sich dem Verdacht der Mauschelei aus.

Sie sehen: Man kann machen, was man will, immer ist man selbst entweder Zielscheibe von Vorurteilen – oder aber man setzt sie selbst unbewußt in die Welt. Es ist ja auch viel einfacher, einen Vorgesetzten mit einem allgemein akzeptierten Begriff abzustempeln, als sich wirklich ernsthaft um die Person des Chefs zu kümmern.

Wie ist denn unser Chef?

Das ist die verständliche, aber auch sehr gefährliche Frage von neuen Mitarbeitern nach einer erfolgreichen Bewerbung. Kaum einer der zukünftigen Kolleginnen oder Kollegen wird sagen: ,,Da sollten Sie sich erst einmal selbst ein Bild machen". Jeder wird statt dessen bemüht sein, die eigenen Erfahrungen über den zukünftigen Vorgesetzten möglichst knapp, möglichst eindrucksvoll und möglichst mit konkreten Beispielen aus der eigenen Erfahrung zu belegen. Damit sind die Weichen für vorschnelle Urteile gestellt.

Wird der Boß als Grantler oder Miesepeter geschildert, hat er kaum eine Chance, von dieser ,,Vorverurteilung" herunterzukommen, wenn er Sie beim ersten Kontakt mit Sachaufgaben überhäuft, ohne auch nur von Ihrer Person Kenntnis zu nehmen.

Drei Rückgriffe auf Aussagen, die in diesem Buch schon gemacht wurden, seien mir erlaubt.

In einem solch banalen Fall passiert häufig dreierlei:

1. Die Information, die Sie von Ihren neuen Kollegen erhalten, kann von Ihnen selbst noch nicht auf den Inhalts- bzw. Beziehungsgehalt hin untersucht werden. Sie haben über Ihren neuen Chef einfach zuwenig Informationen, um festzustellen, ob beispielsweise der Begriff „Miesepeter" einen bewundernden oder einen beleidigenden Beiklang hat.

Die Inhalts- und Beziehungsebene kann noch nicht geklärt sein.

2. Die ersten Kontakte mit Ihrem neuen Chef scheinen auf den ersten Blick die Ankündigungen Ihrer Kolleginnen und Kollegen zu bestätigen. Das, was man Ihnen als positiv geschildert hat, werden Sie dann auch als positiv akzeptieren – bei den negativen Befürchtungen funktioniert das leider genauso.
Nach dem „Prinzip der sich selbst erfüllenden Prophezeiung" wird Ihr Erleben also positiv oder negativ sein. Positives oder negatives Erleben wird Ihr Verhalten positiv oder negativ beeinflussen. Ihr Verhalten wiederum wird das Erleben des Chefs beeinflussen . . . diesen Mechanismus kennen Sie ja noch.

Der Mechanismus zwischen Erleben und Verhalten wird auch mit den geringsten Informationen in Gang gesetzt.

3. Nach den ersten Erfahrungen mit Ihrem neuen Chef sammeln Sie Informationen. Wenn Ihre Informationen in ein vorgefertigtes Bild passen, fühlen Sie sich bestätigt. Dabei kommt es häufig vor, daß Informationen gefiltert werden, es werden also nur Informationen bewußt wahrgenommen, die auch in Ihr Bild von der Per-

sönlichkeitsstruktur Ihres Chefs passen. Andere Informationen werden entweder überhaupt nicht wahrgenommen oder aber verharmlost, verniedlicht, lächerlich gemacht.

Die Persönlichkeitsstruktur eines Gesprächs- oder Handlungspartners läßt sich nur durch die Summe aller überprüfbaren Beobachtungen näher bestimmen.

Verläßt man sich auf Einzelinformationen, die auch noch subjektiv gefärbt werden, kann eine Beurteilung der Persönlichkeitsstruktur des Chefs zur Verstärkung eines Vorurteils werden.

Ein Vorurteil hat eine Realität: Wurde ein Vorurteil – von wem auch immer – in die Welt gesetzt, entwickelt es eine Eigendynamik. Wenn etwas da ist, läßt es sich nicht so einfach vom Tisch wischen.

Beispiele

Einem Vorgesetzten, der aus heiterem Himmel Kontakt zu seinen Mitarbeitern sucht, glaubt man nicht so einfach den Versuch, mehr Menschlichkeit in die Arbeitswelt zu bringen. Vielmehr ist man geneigt anzunehmen, daß ihn zu Hause die Frau und die Kinder verlassen haben. Man hat ja schließlich schon davon gehört, daß die Ehe in die Brüche geht.

Ein Vorgesetzter, der nach einem Management-Seminar mit neuen Führungsideen in den Betrieb zurückkommt, kann das gar nicht so richtig ernst meinen. Immerhin hat er die Mitarbeiter jahrelang ,,ausgebeutet'' – die neuen Kommunikationsmöglichkeiten, die er da anbietet, werden wohl wieder eine modernere Form der ,,Ausbeutung'' zur Folge haben.

Der berühmte Klatsch innerhalb des Betriebes oder des Unternehmens ist der Bruder des Vorurteils, das Vorurteil ist der Wegbereiter eines Gerüchts.

Man kann nicht vorsichtig genug sein, sich an jeder Stelle dieser spiralförmigen Entwicklung klarzumachen, ob das, was man an andere weiterträgt, auch noch den Realitäten entspricht oder ob Informationen nicht einfach nur in das eigene Denk- und Beurteilungsschema hineinpassen.

Die Gefahr liegt nahe, daß andersartige Verhaltensweisen, zu denen man selbst nicht fähig oder willens ist, in vorschnelle Urteile münden, die sich dann als Gerüchte selbständig machen. Bei äußeren Unsicherheiten – die eigene Position oder die Situation des Betriebes betreffend – ist der Nährboden von Vorurteilen und Gerüchten gegeben.

Auch Differenzen zwischen Ihren eigenen Ansprüchen, Interessen und Bedürfnissen zu den gewünschten Verhaltensweisen Ihres Chefs und Vorgesetzten können eine ungerechtfertigte und unnötige Vorurteils- und Gerüchte-Welle in Gang setzen.

Schützen Sie sich und Ihre Kollegen/Kolleginnen vor einer Vergiftung des Arbeitsklimas, indem Sie erst dann Informationen über einen Menschen in Umlauf bringen, wenn sie auf gesicherten Beobachtungen und auf der neu erworbenen Basis der Menschenkenntnis nach dem G.A.T.E.-Modell beruhen und wenn diese Informationen für die Zuhörerschaft von Wichtigkeit sind.

Wenn Sie sich zu Beginn dieses Kapitels bei den Fragen nach der Intelligenz, nach dem wirtschaftlichen Erfolg und nach der Verläßlichkeit der dargestellten Personen wirklich für eine Person entschieden haben, dann sind Sie noch vorurteilsgefährdet. Äußere Merkmale allein lassen keine Rückschlüsse auf Persönlichkeitsmerkmale und schon gar nicht auf berufliche Qualifikationen zu.

Ein dreimaliges ,,Weiß nicht" spricht für Ihre Fähigkeit, anderen Menschen zunächst einmal vorurteilsfrei gegenüberzutreten.

Ein vorurteilsfreies Akzeptieren unterschiedlicher Persönlichkeitsstrukturen ist die Voraussetzung dafür, daß Sie in Zukunft das Verhältnis zu Ihrem Chef konfliktfreier gestalten können.

Kapitel 14:
Ihr 72-Stunden-Programm

Was einen guten Vorgesetzten ausmacht, kann für Sie nicht schlecht sein: Planen Sie zielgerichtet.

Ihr Ziel sollte es sein, in möglichst kurzer Zeit möglichst viel über Ihren Chef in Erfahrung zu bringen. Diese Fleißaufgabe kann ich Ihnen nicht ersparen, weil eben ein so kompliziertes Gebilde wie eine Persönlichkeitsstruktur nicht anhand eines einzelnen Merkmals zu erkennen ist. Die Gefahr, daß Sie vorschnelle Urteile bilden, wäre zu groß. Machen Sie's also wie Ihr Chef: Planen Sie die nächsten Schritte.

Später zeige ich Ihnen eine Reihe von Möglichkeiten auf, die Ihnen den Zugang zu anderen – vielleicht bisher fremden – Persönlichkeitsstrukturen erleichtern sollen. Das muß natürlich nicht heißen, daß Sie sich strikt an die vorgegebene Reihenfolge halten sollen. Machen Sie's auch hier wie Ihr Chef: Entscheiden Sie selbst, welchen Weg Sie für den sinnvollsten halten.

Eines sollten Sie aber auf jeden Fall vermeiden: Ihre Entscheidung lange hinauszuzögern. Da „lange" ein interpretierbarer Begriff ist, gebe ich Ihnen eine ganz präzise Empfehlung:

Wenn Sie nicht innerhalb der nächsten 72 Stunden anfangen, Ihre Analyse-Fähigkeiten in der Praxis zu erproben, müssen Sie sich selbst den Vorwurf machen, viel Mühe und Arbeit umsonst investiert zu haben.

Meine Seminarerfahrung beweist, daß alle neuen Erkenntnisse, die nicht innerhalb von drei Tagen in die Praxis umgesetzt werden, als verloren gelten müssen. Was würde es schließlich auch für einen Sinn machen, das als richtig erkannte Führungsmittel „Lob und Anerkennung" erst nach einem halben Jahr einsetzen zu wollen?

Es gibt viel zu tun – packen Sie's an!

1. Tip

Konzentrieren Sie sich auf *eine* Person. Das muß nicht unbedingt Ihr Chef sein – es ist für den Anfang sogar besser, wenn Sie sich eine „Zielperson" aus dem privaten Bereich aussuchen. Es sollte aber dann eine Person sein, von der Sie jetzt schon wissen, daß eine bestimmte Persönlichkeitskomponente stark ausgeprägt ist.

Beispiele

Der Onkel, der seit Jahrzehnten den beruflichen und privaten Erfolg vorplant, der mit seinen Meinungen und der penetranten Verteidigung derselben die Familie nervt, ist ein geeignetes Studienobjekt. Wenn er dann noch keine Gelegenheit ausläßt, die Familienmitglieder mit der Richtigkeit seiner Einstellungen und Meinungen zu „traktieren", ergibt sich ein interessantes Studienfeld für die Persönlichkeitsstruktur eines G-Typen.

Der Vater, der seiner fast erwachsenen Tochter rigoros verbietet, mit einem Iraner zu sprechen, der bei seinen Stammtischbrüdern als besonders clever gilt, muß noch lange kein A-Typ sein. Wenn man jedoch herausfindet, daß er bei der Geldanlage auf Risiko setzt, bei Partys ein bewunderter Alleinunterhalter ist, sind das weitere Anzeichen dafür, sich mit dem Ausprägungsgrad der A-Komponente bei diesem Menschen näher zu beschäftigen.

Die Zeitungsfrau, die sich noch erinnern kann, welche Operation Sie vor 6 Monaten zu überstehen hatten, die wissen will, warum Sie heute keine Abendzeitung kaufen wollen, könnte sich als Person mit einer stark ausgeprägten E-Komponente erweisen. Die Bereitschaft der Zeitungsfrau, in Ihrem Urlaub die Pflege der Katze und der Pflanzen zu übernehmen, spricht jedenfalls nicht gegen Ihren ,,Verdacht", daß es sich um eine Person mit einer stark ausgeprägten E-Komponente handelt.

Am leichtesten ist die Reise in die Persönlichkeitsstruktur eines Menschen, wenn Sie schon nach der Beschreibung der unterschiedlichen Schwerpunkt-Komponenten des G.A.T.E.-Persönlichkeitsmodells den spontanen Eindruck hatten: Das muß der Willi sein; genauso verhält sich Karin; kein Zweifel, mit dieser Beschreibung kann nur Tante Elfriede gemeint sein.

Konzentrieren Sie sich zunächst einmal auf eine Person!

2. Tip

Schärfen Sie Ihre Beobachtungsgabe. Es liegt in der Natur des menschlichen Verhaltens, daß viele Dinge nicht bewußt wahrgenommen werden. Kein Mensch würde es ertragen, alle Informationen, die seine Sinne aufnehmen könnten, auch nur fünf Sekunden lang zu speichern. Allein die gewohnte Umgebung könnte einem Hunderttausende von Einzelinformationen über die Augen, das Ohr, den Tastsinn, den Geruchssinn und über das Schmecken vermitteln – und das auch noch gleichzeitig innerhalb von Sekunden. Dieser Informationsüberschwemmung hat die menschliche Natur die Gewohnheit als Filter vorgeschaltet.

Alles, was nicht normal ist, hat größere Chancen, wahrgenommen zu werden. Der brenzlige Geruch aus der Küche ist für die meisten von uns ein Alarmzeichen, weil es eben nicht wie gewohnt nach Obst oder Kaffee riecht.

Der Krach auf der Straße wird als normal betrachtet – bis er plötzlich ausbleibt.

Daß der Elektriker da war, merkt man erst, wenn man in der Dunkelheit nach einem Lichtschalter greift, der jetzt links von der Tür angebracht ist.

Sie sind aufgefordert, die Gewohnheiten Ihrer Beobachtung mit einer neuen Qualität zu versehen. Die neue Qualität der Beobachtung sollte darin bestehen, sich vorurteilsfrei auf gewohnte Erfahrungen und Beobachtungen zu konzentrieren. Alles das, was Sie bisher als normal erfahren haben, sollten Sie daraufhin untersuchen, in welcher Ecke des Persönlichkeitsmodells bestimmte Äußerungen oder Verhaltensweisen einzuordnen sind.

Es ist erstaunlich, wieviel man über einen anderen Menschen erfährt, wenn man sich einmal die Mühe macht, genau hinzusehen und hinzuhören.

> *Beispiel*
>
> Es ist wirklich ein Unterschied, wie verschiedene Personen auf die gleiche Situation reagieren. Sie wollen beispielsweise vom Chef einen Tag frei haben, weil Sie kurzfristig zur Hochzeit Ihrer besten Freundin eingeladen worden sind. Nehmen wir einmal an, es gäbe keine innerbetrieblichen Schwierigkeiten für Ihr kurzfristig vorgetragenes Ansinnen. Der Chef stimmt also zu. Die Frage ist: Wie macht er das?
>
> Chef G: „Ich entspreche Ihrem Antrag, möchte Sie aber doch bitten, in Zukunft bei ähnlichen Anträgen etwas früher mit mir Kontakt aufzunehmen, damit ich meine Personalplanung mit den verantwortlichen Stellen koordinieren kann."
>
> Chef A: „Bestellen Sie Ihren anderen Freundinnen, daß sie sich erst einmal verloben sollen. Dann können Sie mir früher sagen, wann Sie mal wieder zwischendurch feiern wollen."
>
> Chef E: „Ich wünsche Ihnen viel Spaß bei der Feier. Kommen Sie gesund zurück – am Freitag brauchen wir Sie wieder."

Bei allen drei Chefs war die Ausgangslage die gleiche, alle drei haben Ihrem Wunsch nach einem freien Tag entsprochen. Und doch gibt es gravierende Unterschiede, wie Ihnen die „frohe Botschaft" übermittelt und kommentiert wurde. Einzelne Äußerungen geben Ihnen Anhaltspunkte für die Klassifizierung Ihres Chefs innerhalb des G.A.T.E.-

Persönlichkeitsmodells. Es lohnt sich also, die von Ihnen als normal empfundenen Äußerungen Ihres Chefs neuerlich zum Gegenstand Ihrer Analyse zu machen.

Schärfen Sie Ihre Beobachtungsgabe!

3. Tip

Sammeln Sie Informationen! Kein Psychologe der Welt kann Ihnen versprechen, auf Grund eines einzigen Persönlichkeitsmerkmals ein zutreffendes Bild eines unverwechselbaren Charakters zu zeichnen. Wenn Sie diesen leichten Weg bevorzugen, sollten Sie sich aus der Personalabteilung die Information holen, in welchem Sternkreiszeichen Ihr Chef geboren ist.

Etwas mühsamer – dafür auch lohnender – ist der Weg über eine systematische Informationssammlung. Hat Ihr Chef eine ausgeprägte Komponente in seiner Persönlichkeitsstruktur, wird er auch unter normalen Umständen entsprechend dieser Komponente agieren und reagieren. Es lohnt sich also, Informationen zu sammeln, um festzustellen, ob das wirklich so ist.

Beispiel

Ein Chef

- macht keinen Hehl daraus, daß er mit den Leistungen seiner Mitarbeiter zufrieden ist;
- setzt sich für die Wünsche und Interessen der Mitarbeiter aktiv ein;
- läßt sich auch ohne Anmeldung von Mitarbeitern in persönlichen Angelegenheiten ansprechen;

- hält Kontakt zu Mitarbeitern, auch wenn sie schon längst entlassen sind;
- wird von den Mitarbeitern bei innerbetrieblichen Feiern gern gesehen;
- kann sich darauf verlassen, daß ihm vertraut wird.

Das kann nur ein Chef mit einer stark ausgeprägten E-Komponente sein – wenn sich die Liste der Beobachtungen mit der angedeuteten Tendenz fortsetzt. Eine Einzelbeobachtung kann nie die Sicherheit bringen, einen Menschen seiner Persönlichkeitsstruktur gerecht einzuordnen – die Summe der Informationen verringert die Gefahr einer Fehleinschätzung.

Sammeln Sie Informationen!

4. Tip

Lassen Sie sich von Kolleginnen und Kollegen helfen. Kein Mensch ist in der Lage, alle Informationen vollständig und vorurteilsfrei aufzunehmen. Es ist ja auch keine Schande, die Verhaltensweisen seines Chefs als „eigenartig" oder „seltsam" einzustufen, wenn Sie eine völlig andere Persönlichkeitsstruktur haben als Ihr Vorgesetzter.

Beobachtungen und Schlußfolgerungen bleiben aber immer die eigenen und müssen nicht unbedingt objektiv gerechtfertigt sein. Ein und dieselbe Verhaltensweise kann aus der Sicht unterschiedlicher Erfahrungswerte und kontroverser Einstellungen und Meinungen zu völlig unterschiedlichen Schlußfolgerungen führen.

> *Beispiel*
>
> Ich bin sicher: So oder ähnlich haben Sie das auch schon erlebt. Eine Entscheidung des Chefs sorgt für Diskussionen:
>
> 1. Mitarbeiter: ,,Die Konsequenzen dieser Entscheidung hätte sich der Chef aber vorher überlegen müssen."
> 2. Mitarbeiter: ,,Ich bin enttäuscht – schließlich haben wir früher immer alles besprochen."
> 3. Mitarbeiter: ,,Er wird sicher im Sinne des Betriebes gehandelt haben."
> 4. Mitarbeiter: ,,Daß sich der Chef so von der Geschäftsleitung beeinflussen läßt, hätte ich nie gedacht."
> 5. Mitarbeiter: ,,Vollkommener Schwachsinn – so werde ich das nie und nimmer akzeptieren."

Den 50. Mitarbeiter hätte ich auch noch zu Wort kommen lassen können – an der Unterschiedlichkeit der Beurteilung hätte sich nichts geändert. So kann es Ihnen auch ergehen, wenn Sie Ihren Chef in seiner Persönlichkeitsstruktur einschätzen.

Ihre persönliche Sicht der Dinge muß nicht unbedingt die einzig richtige sein. Beziehen Sie deshalb die Erfahrungen und die Analysefähigkeiten Ihrer Kolleginnen und Kollegen mit ein, wenn Sie sich ein gesichertes Bild über Ihren Vorgesetzten machen wollen. Nebenbei macht es auch noch Spaß, wenn man feststellt, daß man mit seiner Einschätzung nicht allein und auch nicht so falsch dasteht.

Lassen Sie sich von Kolleginnen und Kollegen helfen!

5. Tip

Sammeln Sie Erfahrungen mit veränderten Verhaltensweisen. Es gibt in meinen Augen nichts Unsinnigeres, als Kenntnisse, Wissen und besondere Fähigkeiten nicht zum eigenen Vorteil einzusetzen. Das gilt auch für Ihre Kenntnisse über unterschiedliche Persönlichkeitsstrukturen. Gehen Sie davon aus, daß Ihr Chef so ist, wie er ist, und daß er auch aller Wahrscheinlichkeit nach so bleiben wird.

Sie sind es, die/der sich einer Herausforderung gestellt hat — also sind Sie auch diejenige/derjenige, die/der ab sofort die Verantwortung für positive Veränderungen in Ihrem Betrieb, Ihrem Unternehmen oder in Ihrer Arbeitsgruppe trägt.

Diese Aussage gilt natürlich nur, wenn Sie ernsthaft daran interessiert sind, neue Strategien und Verhaltenstips Ihren Vorgesetzten gegenüber auch in die Praxis umzusetzen.

Die Strategie, die ich Ihnen empfehle, ist die der kleinen — und damit auch überprüfbaren — Schritte. Nehmen Sie sich zu Anfang bloß nicht zuviel vor — Sie könnten damit Ihren Chef und die Personen in Ihrem Arbeitsumfeld überfordern.

Unter überprüfbaren Schritten verstehe ich die Maßnahmen, die in Kapitel 10 bezogen auf die unterschiedlichen

Schwerpunktkomponenten bereits angesprochen wurden. Aus der Liste der Maßnahmen sollten Sie sich diejenige heraussuchen, von der Sie meinen, daß sie ohne besondere Schwierigkeiten am ehesten in die Praxis umgesetzt werden könnte.

> *Beispiele*
>
> Bei einem Chef mit einer starken G-Komponente hatte ich empfohlen, jedes Gespräch gründlich vorzubereiten. Damit ist nicht nur gemeint, daß man die notwendigen Unterlagen kurz vorher zusammenkramt (der A-Typ läßt grüßen), oder daß man darauf vertraut, daß die anderen Gesprächsteilnehmer schon die richtigen Unterlagen dabeihaben werden (der E-Typ läßt grüßen). Bei einer solchen gezielten Maßnahme geht es wirklich darum, daß man selbst etwas tut, was man bisher für überflüssig gehalten hat: die eigenen Daten auf den neuesten Stand bringen, mit den Kollegen aus anderen Abteilungen abchecken, Fragen und Antworten vorzuformulieren, eventuell eine Graphik zur Verdeutlichung vorzubereiten, zukünftige Entwicklungen zu prognostizieren, eigene Meinungen vorzuformulieren, eine Pro- und Contra-Liste aufzustellen, oder einfach nur die neuesten Zahlen aus dem Computer in der Tasche haben.

In welchem Bereich Sie auch immer tätig sind: Es gibt eine Fülle von Maßnahmen, mit denen Sie das Herz eines Chefs mit einer stark ausgeprägten G-Komponente im Persönlichkeitsbild erfreuen können.

Nebenbei:

Erzählen Sie's bitte nicht weiter: Bei allem, was Sie tun, geht es natürlich in erster Linie um Sie selbst – und nicht um das Wohlbefinden Ihres Chefs.

Versuchen Sie nicht, möglichst viel in möglichst kurzer Zeit in Ihrem Verhältnis zum Vorgesetzten „umzukrempeln". Nehmen Sie sich eine Maßnahme vor, die überprüfbar ist. Ein Schwur, ab sofort nett und freundlich zu seinen Mitmenschen zu sein, hat auf Dauer noch keinem geholfen, wenn er nicht bereit ist, dafür auch etwas einzusetzen.

Ihren Einsatz haben Sie bereits dadurch dokumentiert, daß Sie überhaupt bereit waren, sich mit der Persönlichkeitsstruktur Ihres Vorgesetzten auseinanderzusetzen.

Überprüfbar sind Maßnahmen immer dann, wenn sie durch Beobachtung und durch die Bestätigung gleichermaßen Beteiligter erhärtet werden. Machen Sie beides und überprüfen Sie, wie veränderte Verhaltensweisen auf Ihren Chef und auf die Personen in Ihrem Arbeitsumfeld wirken.

Ich verspreche Ihnen: Mit der entsprechenden Einstellung und mit der notwendigen Vorbereitung haben Sie Ihren Chef mit einer stark ausgeprägten G-Komponente voll „im Griff".

Ein Chef mit einer stark ausgeprägten A-Komponente in seiner Persönlichkeitsstruktur hat mit seinen Mitarbeitern in der Regel keine Schwierigkeiten, wenn die Mitarbeiter eine ähnliche Struktur aufweisen. Ein freundliches „Paß' doch auf, Du Idiot!" wird auf dem Bau keinem Polier übelgenommen, ein „Passen Sie doch gefälligst auf!" in einer Computer-Vertriebsgesellschaft hat da schon einen anderen Stellenwert.

Bei allem, was Sie tun, müssen Sie Ihr Arbeitsumfeld berücksichtigen — es gibt eben keine weißen Kaninchen aus dem schwarzen Hut. Wenn ich Ihnen also den Rat gegeben habe, bei Ihrem Chef mit einer starken A-Komponente W-Fragen zu stellen, dann möchte ich Sie bitten, diese Art der Fragestellung den herrschenden Gepflogenheiten des Betriebes oder des Unternehmens anzupassen. Die Empfehlung ist gut — die Wahl der Worte überlassen Sie bitte der eigenen Persönlichkeitsstruktur. Die Bandbreite ist ziemlich groß:

- Woher wollen Sie das wissen?
- Wer gibt Ihnen die Berechtigung dazu?
- Warum mischen Sie sich in meine Angelegenheiten ein?
- Welche Vorschläge haben Sie?
- Was kann ich zur Entscheidungsfindung beitragen?
- Warum machen Sie eine solche Aussage?

Auf folgende Antworten eines Chefs mit überdurchschnittlich hohen A-Anteilen müssen Sie gefaßt sein:

- Das geht Sie gar nichts an!
- Ich bin hier der Boß!
- Weil ich dafür bezahlt werde!
- Keine — das ist Ihre Angelegenheit!
- Nichts!
- Erzähle ich Ihnen nachher beim Bier!

Ganz gleich, welche Antworten Sie auf Fragen von einem A-Typen erhalten — Sie haben den unwiderlegbaren Beweis, daß Sie es mit einem Chef zu tun haben, der es gewohnt ist, auf W-Fragen — positiv oder negativ für Sie — präzise zu antworten. Diese Erkenntnis könnte man sich zunutze machen.

Nebenbei

Wenn ich von ,,Nutzen" in der menschlichen Kommunikation spreche, habe ich immer den Vorteil beider Kommunikationspartner im Auge. Es ist noch nie der Fall gewesen, daß Handlungspartner von einem Informationsdefizit profitiert hätten.

Mit W-Fragen (wie, wann, warum, wieso) haben Sie einen direkten Zugang zur Verhaltensstruktur eines A-Typen. Sie sollten sich dann aber auch angewöhnen, nach einer solchen Frage die entsprechende Pause eintreten zu lassen.

Chefs mit einer starken A-Komponente reagieren nämlich immer dann sehr spontan, wenn keiner mehr etwas sagt: Eine geheimnisvolle Stille kann – gerade bei A-Typen – Aktionen provozieren.

Ich verspreche Ihnen: Nehmen Sie einige der vorgeschlagenen Verhaltensänderungen bewußt in die Hand, und Sie werden in Ihrem Chef mit einer stark ausgeprägten A-Komponente einen leidenschaftlichen Befürworter Ihrer beruflichen und menschlichen Qualifikationen gewonnen haben.

Bei einem Chef mit einer starken E-Komponente hatte ich Ihnen empfohlen, unter keinen Umständen Zusagen oder Versprechungen platzen zu lassen. Empfehlungen dieser Art kommen nicht von ungefähr. Viele Chefs mit einer stark ausgeprägten E-Komponente in ihrer Persönlichkeitsstruktur sind sehr verletzlich, weil sie genau wissen, daß sie auf der gefühlsmäßigen Ebene ansprechbar und auch ausnutzbar sind.

Diese Vorgesetzten gehen also davon aus, daß eine Zusage eine Zusage, ein Versprechen ein Versprechen und Hilfsbereitschaft auch in schwierigen Situationen immer noch Hilfsbereitschaft bedeutet. Sie können einem Vorgesetzten mit einer starken E-Komponente nichts Schlimmeres antun, als wenn sich für ihn Fühlen, Denken und Handeln nicht in Einklang bringen lassen.

Wenn Sie etwa Ihrem Chef signalisieren, daß Sie ihn mögen, wird er das solange wohlwollend zur Kenntnis nehmen, bis er auf andere Art und Weise erfährt, daß Sie an seinem Stuhl sägen. Der Vertrauensbruch, der bei einer solchen Konstellation entsteht, kann zur absoluten Grabeskälte in einem Betrieb führen.

E-Typen sind hinsichtlich der Einschätzung von Vertrauensvorschüssen sehr rigoros: Eine bewußte Täuschung reicht aus, um für immer bei ihm verspielt zu haben.

Nebenbei

Es könnte der Eindruck entstanden sein, daß E-Typen als gefühlsfixierte, weinerliche Trottel anzusehen seien. Das ist falsch: E-Typen sind auf der Basis ihrer durch Erfahrungen gesicherten Gefühlswelt eigentlich die ehrlichsten und vertrauenswürdigsten Personen – das gilt auch für Ihren Chef.

Die eigenen Gefühle betrügen zu wollen, bedarf schon eines gewaltigen Kraftaktes – dazu ist ein Chef mit einer stark ausgeprägten E-Komponente nicht fähig. Sie können sich bei einem solchen Chef also darauf verlassen, daß echtes Engagement und wirkliches Interesse an seiner Person die gegenseitige Akzeptanz fördern werden.

Zusammenfassung

1. Konzentrieren Sie sich zunächst einmal auf eine Person.
2. Schärfen Sie Ihre Beobachtungsgabe.
3. Sammeln Sie Informationen.
4. Lassen Sie sich von Kolleginnen und Kollegen helfen.
5. Sammeln Sie Erfahrungen mit veränderten Verhaltensweisen.

Kapitel 15:
Ausblick auf ein zufriedenes Arbeitsleben

Das Instrument, direkt in Ihrem unmittelbaren Arbeitsumfeld positiv wirksam zu werden, kennen Sie jetzt. Das Wissen um die mögliche Andersartigkeit Ihrer Kolleginnen/Kollegen und Ihrer Vorgesetzten sollte zumindest bewirken, daß Sie die Menschen in ihrer unterschiedlichen Persönlichkeitsstruktur zunächst einmal einfach nur akzeptieren.

Keiner kann von Ihnen verlangen, daß Sie jetzt einen großangelegten Umerziehungsprozeß in die Wege leiten − ein Unterfangen, das letztlich doch zum Scheitern verurteilt wäre. Die Impulse, die eine Verbesserung des Arbeitsklimas oder den Abbau von Spannungen zwischen einzelnen Personen bewirken sollen, können nur von Ihnen selbst kommen.

Sie wissen jetzt um Ihre Stärken und Schwächen der eigenen Persönlichkeitsstruktur. Sie haben die Möglichkeit, die Hauptkomponente in der Persönlichkeitsstruktur Ihrer Gesprächs- und Handlungspartner zu erkennen − also liegt es auch an Ihnen, aus diesen Kenntnissen den größtmöglichen Nutzen zu ziehen.

Eine Gefahr oder eine Versuchung möchte ich Ihnen aber nicht verschweigen: Sie haben natürlich mit Ihrer Kenntnis der unterschiedlichen Persönlichkeitsstrukturen auch die Möglichkeit, anderen Menschen zu schaden. Sie bringen einen G-Chef systematisch auf die Palme, wenn Sie ihm alle zwei Stunden von Ihren persönlichen Erlebnissen und Empfindungen berichten.

Die Zusammenarbeit mit einem A-Chef können Sie sehr schnell zu einem Ende bringen, wenn Sie seinen Anweisungen bewußt zuwiderhandeln.

Ein E-Chef wird Ihnen ein Arbeitsleben lang nie verzeihen, wenn Sie seine Gutmütigkeit zu Ihrem eigenen Vorteil ausnutzen und ihm das auch noch deutlich zu verstehen geben.

Spielchen dieser Art sollten unter Ihrem Niveau sein. Wenn es Schwierigkeiten gibt, gehören diese auf den Tisch des Hauses — und zwar offen und ehrlich mit allen Beteiligten. Ein zufriedeneres Arbeitsleben sollten Sie in Zukunft einfach durch die Erkenntnis haben, daß alle Menschen so handeln, wie sie sind. Dafür, daß sie so sind, wie sie sind, kann man zwar die verschiedensten Faktoren in der Entwicklung der Persönlichkeitsstrukturen verantwortlich machen: Daran ändern können Sie aber nichts.

Die aktive Veränderung liegt in der Modifikation Ihrer eigenen Verhaltensweisen, wobei ich damit keineswegs den menschenunwürdigen Vorgang des Sich-Anpassens meine. Sich anzupassen hat immer den üblen Beigeschmack der Unterwerfung und der Resignation. Die völlig legitime Strategie, das Beste aus dem Umgang mit anderen Menschen zu machen, nenne ich das Sich-Einstellen auf den Gesprächs- und Handlungspartner.

Sich auf jemanden einzustellen bedeutet dreierlei:

1. Ich akzeptiere den Partner so, wie er ist.
2. Ich muß meiner eigenen Persönlichkeitsstruktur nicht untreu werden.
3. Ich kann mein Umfeld positiv verändern.

Wenn Sie in dieser Auflistung die Großstruktur dieses Buches wiedererkennen, dann ist das durchaus beabsichtigt. Menschen können nur dann einigermaßen konfliktfrei miteinander umgehen, wenn man sich selbst treu bleibt und nicht versucht, andere Menschen „umzubiegen" oder umerziehen zu wollen.

Das Gegenteil wäre genauso fatal: Versuchen Sie nie, so zu werden wie Ihr Chef. Das kann Ihnen nur dann gelingen, wenn Ihre Persönlichkeitsstruktur der des Vorgesetzten zum Verwechseln ähnlich wäre. Da dies aber in den seltensten Fällen zutrifft, kann jeder Versuch, sich fremde Verhaltensweisen anzueignen, in den Augen der anderen nur lächerlich wirken. Vermeiden Sie Imitationen – dieses schwierige Geschäft überlassen Sie bitte den Schauspielern, die werden dafür bezahlt.

Erfolg oder Mißerfolg im Berufsleben hängen nicht von der Persönlichkeitsstruktur ab. Es geht letztlich nur darum, ob ich bemüht bin, meine eigenen Stärken zu stabilisieren, und ob ich bereit bin, an meinen Schwächen zu arbeiten. Ihrem Chef geht es genauso – helfen Sie ihm dabei!

Helfen Sie Ihrem Vorgesetzten dadurch, daß Sie ihn in seiner unverwechselbaren Persönlichkeit akzeptieren, und daß Sie ihn in der Ihnen eigenen Art auf Schwächen und Fehler aufmerksam machen. Da Chefs auch nur Menschen sind, sollten Sie nach der gewissenhaften Bearbeitung dieses Buches in der Lage sein, mit den richtigen Worten und mit vielleicht modifizierten Verhaltensweisen die Aufmerksamkeit und die Akzeptanz Ihres Vorgesetzten so zu steuern, daß Sie ein noch zufriedeneres Arbeitsleben aktiv gestalten können.

Handeln Sie nach dem Grundsatz:

Mein Verhalten steuert sein Erleben!

BUSINESS TRAINING

Die Wirtschafts-Reihe im Taschenbuch
Praktisches Wissen für berufliche Aufsteiger

Der totale Verkaufserfolg
Verkaufen kann man alles:
Strategie, Situation und Ausstrahlung entscheiden
Von Zig Ziglar
453 Seiten, Broschur
ISBN 3-478-81115-5

13 Todsünden des Managers
Und wie man sie vermeidet
Mit Strategie-Checklisten
Von W. Steven Brown
272 Seiten, Broschur
ISBN 3-478-81116-3

Mehr leisten - weniger arbeiten
Doppelt so erfolgreich in der halben Zeit
Mit Übungsanleitungen
Von Michael LeBoeuf
279 Seiten, Broschur
ISBN 3-478-81117-1

Imagination, Inspiration, Innovation
Kreative Kräfte nutzen
Von Michael LeBoeuf
277 Seiten, Broschur
ISBN 3-478-81112-0

**Wie Sie in einer halben Minute
Ihren Standpunkt vertreten**
Das 30-Sekunden-System
Von Milo Frank
118 Seiten, Broschur
ISBN 3-478-81113-9

Schule der Debatte
Von Heinz Lemmermann
111 Seiten, Broschur
ISBN 3-478-81114-7

Erhältlich in Ihrer Buchhandlung

mvg verlag
Nibelungenstraße 84
8000 München 19